Cosas de tetras

Aprendiendo a volar sin alas

Papel certificado por el Forest Stewardship Council®

MIXTO
Papel procedente de
fuentes responsables
FSC® C117695

Primera edición: noviembre de 2022

© 2022, Alan el Ruedas
© 2022, Clara Cortés Martín, por la edición
© 2022, Penguin Random House Grupo Editorial, S. A. U.
Travessera de Gràcia, 47-49. 08021 Barcelona
© 2022, iStock, por los detalles gráficos de interior

Printed in Spain – Impreso en España

ISBN: 978-84-204-5999-8
Depósito legal: B-16.719-2022

Compuesto en Punktokomo, S. L.
Impreso en Black Print CPI Ibérica
Sant Andreu de la Barca (Barcelona)

AL59998

Alan el Ruedas

Cosas de tetras

Aprendiendo a volar sin alas

ALFAGUARA

Dedicado a toda la gente que me apoya,

me quiere y está conmigo día a día

Índice

Introducción

Cuenta algo
que no
sepamos
de ti. 😊

¡Muy buenas, querido lector!

Antes de presentarme, deja que te dé las gracias por darme esta oportunidad de contar mi historia. En el libro que tienes entre las manos quiero enseñarte quién soy, cómo llegué aquí y cómo es mi vida ahora que todo me va sobre ruedas (sí, es un chiste sobre ir en silla de ruedas, ja, ja). Si lo lees hasta el final, espero que descubras muchas cosas interesantes que antes no sabías, que cambie la idea que tienes sobre algunos temas (para bien) y que disfrutes de lo que te cuento, igual o más de lo que yo lo he hecho escribiéndolo. Gracias por leerme y por querer aprender algo (o cotillear, que nos conocemos).

Y ahora sí, ¡me presento!

Mi nombre es Alan, nací en Madrid en el año 2000 y tengo veintidós años. Fácil de cal-

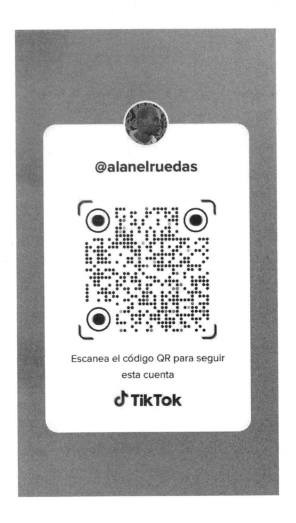

@alanelruedas

Escanea el código QR para seguir
esta cuenta

♪ TikTok

cular, ¿verdad? Por lo demás, el resto de mi vida te la voy a contar en las páginas siguientes, centrándome, por supuesto, en cómo ha sido desde que dio un giro de ciento ochenta grados. Si hubiera dado los trescientos sesenta grados en aquella voltereta hace cuatro años, no estaríamos aquí. Pero a eso llegaré en su momento, sin prisas. Aparte de esto, lo que más me gustaría hacer aquí es mostrar cómo veo la vida, cómo la afronto y transmitir en la medida de lo posible el positivismo con el que intento acercarme a todo.

¿Te apetece dar un paseo por la vida, las opiniones y los mil pensamientos de un tío como yo? ¡El viaje es sobre ruedas!

Alan el Ruedas

Hola, Alan, te sigo
y me encanta verte
porque me divierto
un montón contigo
y ¡eres superpositivo!

Como en este libro voy a hablar mucho de mi silla de ruedas, creo que no está de más que también lo haga un poco de quién soy *aparte* de ella. Para que me conozcas un poco, ¿sabes?

Para empezar, diría que fuera de la silla soy un chaval, sobre todo, extrovertido. Tengo poca vergüenza a la hora de hacer cosas, conocer a gente y exponerme a planes nuevos. También soy alguien muy positivo. Creo que me esfuerzo, pero la verdad es que me sale muy natural ver el lado bueno de las cosas y de la gente, sea lo que sea que haya pasado, aunque el hecho en sí sea malo. Me gusta tomarme la vida con calma, no preocuparme por lo que no me tengo que preocupar y, sobre todo, ignorar las críticas y comentarios de otra gente. Es curioso, porque me considero el típico «bienqueda» que se muere por caerle bien a todo el mundo (lo cual es imposible, claro), pero a la vez no me afecta para nada que alguien haga comentarios sobre mi silla o se meta con mi aspecto, en especial si lo que dice va a joder. Al final, hay algo que sí tengo clarísimo: si no le gusto a alguien por cómo soy, sobre todo habiendo intentado gustarle (no lo puedo evitar, es parte de mi naturaleza), pues tampoco me voy a morir. No pasa nada. Hay más peces en el mar y muchos mocos en un pañuelo, que dicen, y, si al final alguien no encaja conmigo, a otra cosa... ¡No voy a cambiar por nadie!

Algo importante acerca de mí es que tengo un superpoder: soy capaz de sacar amigos de debajo de las piedras. En serio, tengo una facilidad impresionante. Confío superrápido en la gente y, aunque he sufrido decepciones, creo que vale la pena abrirse con los demás solo por la posibilidad de descubrir a alguien maravilloso. Además, guardo tan buen recuerdo de gente que ha pasado por mi vida que a algunas de esas personas las llevo literalmente sobre la piel.

Por lo demás, soy MUY FRIKI con las cosas que me gustan (si ya me conoces y has visto mis vídeos, puede que te hayas fijado en la pared de mi casa), entre ellas los superhéroes, los animes, Harry Potter (¡viva Hufflepuff!), las historias de fantasía y ciencia ficción (mi serie favorita es *Teen Wolf*, la recomiendo), las deportivas y las sudaderas. Cualquier película por la que me preguntes la he visto. Y las series igual. Me encanta que me cuenten historias, te lo juro. Las historias son una maravilla.

También me interesa mucho la psicología. No me refiero a *leer* sobre psicología, no es algo que vaya buscando en los libros, pero es un mundo sobre el cual me encanta aprender (le pregunto mil cosas a mi psicóloga) y que me han dicho que me pega. En el sentido de ser yo psicólogo, ya sabes. Mucha gente me ha dicho que serviría para dedicarme a este mundillo, y yo también lo creo: me encanta escuchar y ayudar siempre que puedo, doy buenos consejos (consejos vendo, aunque para mí no tengo, como se suele decir) y tengo buena cabeza para razonar y ver las cosas desde diferentes perspectivas. No descarto estudiar algo de eso en unos años, la verdad. De hecho, hay tantas cosas que me gustaría estudiar en el futuro que echo la vista adelante... ¡y no me alcanza casi!

Creo que, a grandes rasgos, este soy yo: el friki extrovertido «bienqueda» que quiere que todo el mundo sonría, que no se cansa de hacer amigos y al que le gusta ayudar a la gente. Es una descripción corta y rápida, pero no está mal para empezar; a ver si al acabar el libro se te ocurre algo más para describirme.

¿Seguimos con la parte buena?

¿Qué me pasó?

¿¿¿Por qué
te quedaste
así???

¿Cómo te
rompiste
el cuello?

Antes de responder a la pregunta, me remontaré a lo que hacía antes. Siempre me ha encantado el deporte, me gusta desde pequeño, pero hubo un antes y un después: cuando tenía ocho años, descubrí las acrobacias. Me fliparon. Al principio solo desde fuera, claro, viendo a otra gente y mirando casi sin pestañear mientras las hacían, porque me parecía alucinante. Sin embargo, cuando con doce años me apunté a kárate y empecé a hacer acrobacias... ahí ya apaga y vámonos. No hubo vuelta atrás. Me encantó, simplemente, y me obsesioné, aunque no me pudiera pasar todo el día dando volteretas (de pequeño tenía sobrepeso y hacer acrobacias era complicado, de modo que me limitaba a hacerlas en kárate y poco más). Sin embargo, seguí con ello. Bueno, seguí con otros deportes y... Varios años después, y ahora rebobino un poco hacia delante, ahí estaba yo: treinta kilos menos y muy (pero que MUY) metido en el tema del deporte, me encontraba y me veía muchísimo mejor físicamente y estaba decidido a retomar aquello que tanto me gustaba y que no había dejado de ver en YouTube: las acrobacias.

Y entonces, llegamos al instituto. A primero de Bachillerato, concretamente. En el gimnasio donde hacíamos Educación Física había unas colchonetas muy gordas que fijo que te suenan porque seguro que en tu gimnasio o en tu polideportivo de confianza también las tienen. Vale, pues no te olvides de ellas, que son importantes (sobre todo porque puede que sin ellas no me hubiese lesionado..., pero no me adelanto). El caso es que un día, a primerísima hora, estábamos en clase y le dije a mi profe: «Hola, buenas, me gustan mucho las acrobacias y los mortales, ¿puedo practicarlos aquí alguna vez, en mis ratos libres?». Y la mujer, más maja que las pesetas (y alguien que sabía del tema, todo hay que decirlo), respondió que de acuerdo, pero que ella me ayudaría a hacerlos antes, de modo que quedamos así.

Era el 16 de mayo de 2018, no se me olvidará nunca, obviamente. Había hecho aquel mortal mil veces, pero ese día caí con una mala postura sobre una de las colchonetas y me rompí el cuello. Se me fracturó. Esta es la forma más rápida de explicar lo que pasó, supongo. Recuerdo que empecé a notar una tensión por todo el cuerpo, como si me dieran calambrazos, y también que no me podía mover, aunque estaba completamente consciente. Recuerdo que les dije a mis amigos: «Eh, tíos, que no puedo moverme, que no puedo moverme», y que ellos creyeron que estaba haciendo el tonto, que era otra de mis bromas. Recuerdo, por último, cuando se dieron cuenta de que no era coña y llamaron a la profesora, a la ambulancia, y que ahí empezó todo. Mi profe intentaba tranquilizarme, diciéndome que seguro que me había pinzado el nervio, que no me pusiera nervioso. La gente llamaba una y otra vez a la ambulancia, porque no llegaba. Yo no entendía qué estaba pasando y estaba agobiadísimo, sin dejar de preguntar...

Si te caes al suelo, el cuello rebota. Te abres la cabeza, vale, pero el cuello tiene más posibilidades de superar el golpe, digamos. Sin embargo, si caes sobre una colchoneta, esta absorbe el golpe y por eso el cuello adopta posturas que no son naturales. Yo venía de hacer mortales en la calle (en el suelo, en el césped, en el agua) y no era que no supiera hacerlos, de verdad que no, solo caí mal, es algo que le puede pasar a cualquiera. Caí mal y en el sitio donde no debía, y ese día salí andando de mi casa y ya no volví a pisarla nunca más.

Mi madre llegó al instituto andando antes que la ambulancia. Creo que cuando la vi aparecer fue el peor momento que he tenido en mi lesión: estar tumbado sin poder moverme y verla llorando y gritando me rompió el corazón, te lo juro. Me dijo: «Alan, ¿qué ha pasado?». Y también: «¿Ha sido haciendo una voltereta?». Y yo solo podía pedirle perdón e intentar tranquilizarla... Sí, yo a ella. Si hay una cosa que me duele muchísimo de todo lo que pasó, no es no mover las piernas, sino haberle causado a mi madre tanto daño y haber hecho que toda mi familia pasara por lo que tuvo que pasar.

Cuando por fin llegó la ambulancia, la verdad es que al principio tampoco se puede decir que el cuello me doliera mucho. Esa es la razón principal por la que pensé que no podía ser tan grave. Los sanitarios que me pusieron en la camilla tampoco me pudieron decir mucho de lo que me pasaba, porque, claro, a primera vista y sin pruebas no se podía saber. El prediagnóstico me lo dieron una vez ya en el hospital, cuando me hicieron un par de pruebas y me dijeron que me había dañado la médula. Yo le pregunté al médico: «¿Es grave? ¿Voy a poder andar?», y él me dijo que había que operarme y que, después, veríamos cómo evolucionaba todo. Básicamente, tenían que ponerme las vértebras en su sitio.

Me gustaría poder contarte un poco más de lo que pasó inmediatamente después, pero la verdad es que no me acuerdo; me había empezado a doler el cuello de verdad, así que me dieron algo para el dolor, me operaron y la semana que siguió la tengo un poco borrosa. Qué te voy a decir, es lo que hace la morfina. Sí que me acuerdo de mis primos, de una psicóloga que me caía muy bien y de que me lavaban los dientes con una pasta que se comía, pero poco más. También de mi familia, que estaba por allí y se organizaron para encargarse de todo, del papeleo y de cuidarse entre ellos. Me alegro de que se unieran tanto cuando pasó esto y de que cuidaran a mi abuela. Lo siento mucho por haberle dado tanto disgusto.

Creo que, más o menos, hasta aquí llega lo que me pasó. Espero que no haya sido muy duro de leer, aunque entiendo que da mucha impresión, y más así, tan seguido. Sin embargo, no te vayas todavía, ahora viene una parte más chula: la del hospital, en especial la del hospital de Toledo.

El hospital

¿Cómo reaccionaste
en el momento
que supiste que
pasarías toda tu
vida en una silla?

Parte uno: la UCI

Esto hay que dividirlo en dos partes, así que vamos allá: la UCI y la recuperación.

Poco puedo contarte de la UCI (o Unidad de Cuidados Intensivos) del Hospital 12 de Octubre, aparte de que estaba intubado porque no podía respirar bien. Lo de la intubación es una movida, porque te ponen un tubo por la boca y, claro, no podía hablar y me molestaba, así que me lo saqué cual pájaro regurgitando la comida (lo cual no fue una gran idea, obvio, porque recordemos que sin ese tubo no podía respirar...). Por suerte, después me hicieron una traqueotomía (que, por si no lo sabías, es un agujero que te abren en el cuello para respirar si no puedes hacerlo) y, al menos, ya empecé a poder comer por la boca, en vez de con

41

sonda. Sé que les pedí a mis primos un MP3 y que me pusieran los cascos para no oír a los otros pacientes, porque en las UCI suele haber gente que está muy grave, y me entretenía con música ya que poco más podía hacer. Dormir, dormir mucho... Estar con la gente que me visitaba... Y pasar el rato como podía durante seis días, del 16 al 22 de mayo de 2018.

Hasta que, por fin, me llevaron a Toledo.

Para quien no lo sepa, en Toledo está el mejor hospital para parapléjicos de toda España (yo, por ejemplo, hasta mi lesión no lo sabía). Fue una movida, tanto conseguir que me trasladaran como que después la gente viniera a verme desde tan lejos, pero fueron muchos los que hicieron el esfuerzo para que no estuviera solo ningún día. Pienso mucho en mi tía, con la que hasta entonces había tenido menos contacto, pero que se volcó conmigo y se esforzó en pasarme su buena energía para que estuviera tranquilo. Recuerdo que me trajo el sol a la UCI. Allí no había ventanas, así que no podía verlo, pero un día ella me trajo un sol y, desde ese momento, decidió que me traería otro cada vez que consiguiera un avance, cada vez que mejorara un poquito. Allí me convertí en el chico de los soles, y mi casa está ahora llena de ellos. Si os preguntáis de dónde sale mi mentalidad positiva, supongo que ahí tenéis la respuesta.

Y, aunque lo cierto es que me esforcé por mantenerme alegre, sobre todo durante esos primeros meses, la verdad es que si quise que no se me borrara la sonrisa fue por ellos.

No sabía si me recuperaría, si volvería a moverme o qué pasaría conmigo; la incertidumbre era total. Sin embargo, me esforcé en entretenerme, en mantenerme positivo y en tener paciencia. El MP3 de la UCI se convirtió en una tableta y me vi mil series (como *Teen Wolf*, que es mi favorita, ¿recuerdas?). Además, durante esos días la psicóloga vino a verme por primera vez y acabamos de charleta («Creo que nos vamos a ver poco, Alan, porque tienes una cabeza increíble»). Al final, antes de subirme a planta, me dieron el diagnóstico.

Lesión medular a nivel C5 y C6 de las vértebras cervicales, con insensibilidad e inmovilidad de hombros hacia abajo. Básicamente quiere decir que cuando se me fracturó la columna a esa altura se me cortó la médula, lo que se traduce en que, desde entonces, los impulsos nerviosos con información que envía el cerebro no funcionan más allá de ahí. Además, la rotura fue tan agresiva que la médula se quedó inflamada y por eso al principio fue difícil pronosticar bien mi recuperación. La médula no se suele desinflamar durante los primeros seis o siete meses, así que hasta pasado ese tiempo no se puede conocer de manera precisa la gravedad de la lesión ni saber el grado de mejora que se puede esperar en cuanto al movimiento. Es decir, que hasta al cabo de medio año aproximadamente no se podría saber si recuperaría más movilidad de la que ya iba recuperando lentamente... Como por ejemplo en los brazos, que poco a poco iba moviendo y que, a día de hoy, muevo perfectamente, excepto las manos y los tríceps. Lo cual probablemente ya sabrás si ves mis vídeos, claro... Y, oye, que no solo los muevo, ojo, ¡mira qué bíceps!

Humos aparte, sé que el diagnóstico suena largo y duro (y lo fue, como mi recuperación), pero... ya lo tenía. Ya sabía lo que había. A partir de ese momento solo me quedaba trabajar para recuperarme en todos los sentidos, lo cual era un alivio; de ahí, *p'arriba*. Y no me desanimé ni tuve momentos de llorar, solo miré a mi madre, le pedí perdón otra vez y ella me dijo: «No te preocupes, que tú eres fuerte y vas a salir de esto».

Spoiler alert: tenía razón, como siempre. Y es que las madres son muy listas.

Creo que cambié rápido el chip, sobre todo porque me esforcé en reflexionar acerca de lo que era importante en mi vida. ¿La conclusión a la que llegué? Que **me importaba estar vivo, y punto**. Moviera lo que moviera, lo importante era que estaba vivo. Y el resto ya volvería. Poco a poco he ido recuperando cosas también muy importantes para mí, como ir a clase, quedar con mis amigos, el ocio, tener toda la independencia que puedo, el deporte. Pero en aquel momento lo que me importaba era eso, que seguía aquí, de modo que me centré en la rehabilitación, en recuperarme y, como había dicho mi madre, en «salir de esto».

Mi vida cambiaba, pero solo en la manera de hacer las cosas, no en las cosas que podía hacer.

Todavía seguí en la UCI algo más de tiempo. Era un buen paciente y no daba muchos problemas, con lo cual estuve muy cómodo con los auxiliares y con el resto del personal. Como no podía hablar, aprendí a chasquear la lengua muy fuerte y acabaron llamándome «el descorchador de botellas», pero funcionaba, siempre venían. También intentaban leerme los labios, pero el único que me entendía era mi tío Juan, un crac. La verdad es que tengo buenos recuerdos de aquella época, pero lo mejor vino cuando me subieron a planta, así que... ¿por qué esperar más? Vamos, que te lo cuento.

Parte dos: la planta de Toledo

> He visto que todo lo afrontas con una sonrisa, actitud que me parece increíble, por cierto. ¿Cuál ha sido el momento más duro para ti después de todo?

Mira, esto sí que fue un cambio.

Subí a planta el 1 de junio. Me iban a trasladar el día 27 o 28 de mayo, pero me pegué tal comilona (dos platos de esa comida de hospital que no le gusta a nadie... ¡ups!) que me acabó dando vomitera y me tuve que quedar allí más tiempo. En mi defensa, debo decir que tampoco fue culpa mía: cuando uno está todo el santo día tumbado la digestión funciona diferente y me sentó mal... Pero sí, lo cierto es que me comí dos platos y todo se retrasó un pelín.

Pero, bueno, llegó el día y ahí estaba: 1 de junio, y por fin en planta. Era la de niños porque yo aún tenía diecisiete años y no te pasan a la de adultos hasta los dieciocho. Al principio me colocaron frente al control de enfermería, y solo. Aunque ya respiraba por mi cuenta, la traqueotomía requería que estuvieran pendientes de mí constantemente, así que me pusieron cerca de las enfermeras por si acaso tenían que venir rápido y me dejaron un poco a mi bola, viendo todo el día la tele enorme que había en el cuarto y pasando el tiempo tan ricamente. Estaba aburrido y con dolores, ya que me estaban quitando las dosis de morfina para el dolor de cuello, pero bien, vamos. Pasé una semana solo hasta que vino mi primer compi de cuarto, Eric, con quien estuve solo cuatro o cinco días (él ya había estado ingresado hacía un par de años y había venido para una revisión), que también se había lesionado haciendo un mortal, pero él hacia delante. A continuación, vino Javi, y después Denis, con una ene, y luego Dennis, con dos, que se quedó conmigo un año entero. También compartí cuarto con Rodrigo, un chico con quien hasta el día de hoy subo vídeos cada vez que le veo y de quien siempre diré que es el parapléjico más guapo del mundo. Hubo más gente durante los catorce meses que pasé allí, claro, sobre todo algunos adultos que venían a revisiones o gente que se recuperaba de operaciones rápidas, pero el tiempo que se quedaran da un poco igual; recuerdo a todos mis compañeros de cuarto con muchísimo cariño y, como seguro que ya debes suponer, me hice amigo de todos ellos.

Antes de entrar en lo que fue todo el proceso de recuperación, deja que te cuente una pequeña anécdota de la gente con la que me crucé durante ese tiempo, algo que pasó en una de mis primeras noches allí. Estaba tumbado, claro, porque por aquel entonces no podía cambiar de postura, y a las diez de la noche o así entraron en mi habitación tres personas a las que yo ni veía. Al principio pensé que tal vez era personal del hospital, pero entonces me empezaron a preguntar tantas cosas sobre qué me había pasado y cómo estaba que aquello parecía un interrogatorio.

¡Eran otros pacientes! Se habían colado para cotillear quién era el nuevo, qué tíos. Yo aquel día tenía mucha mucosidad en la garganta por la traqueotomía y no podía responder a todo aquel bombardeo porque al intentar decir algo me ponía a toser, pero ellos, que ya llevaban allí mucho tiempo y sabían cómo iba la cosa, soltaron muy tranquilos un «nada, nada, tú tranquilo, tienes la saturación al 100 %, no te preocupes», y yo, que efectivamente era nuevo en todo eso y no sabía de qué me hablaban, respondí: «Ah, vale, comprendo, entonces no me voy a morir, creo». Fue gracioso, la verdad, sobre todo como primer encuentro con los que serían mis primeros amigos en aquel lugar nuevo y diferente. Lara, Leticia e Iván, después Carol y Margot, Ana y María, Ibra y Marcos... Hay tanta gente a la que he conocido allí..., te lo aseguro. Tanta gente que me ha hecho la estancia más agradable y a la que he visto mejorar y partir... Cada uno de ellos son parte de mí ahora, parte de mi familia. Sé que los voy a llevar conmigo siempre.

A partir del momento en que llegué a Toledo fue también cuando empezó lo bueno, es decir, la rehabilitación.

El día que la supervisora de planta me dijo que ya tenía horarios para fisioterapia y para terapia ocupacional, me puse contentísimo. Al principio seguía en una cama que se llama plano y que cada vez van poniendo más vertical para que te acostumbres paulatinamente a estar de pie después de tanto tiempo tumbado (si te sientas directamente sin «practicar» antes, poner la cabeza alta puede dar mareos, bajadas de tensión y movidas de esas), pero poco a poco fuimos avanzando hasta que finalmente me senté en la silla. Pasar por fin a estar sentado y poder moverme por el hospital que llevaba siendo mi casa desde hacía ya un mes fue tremendo, aunque todavía no moviera los brazos y me tuvieran que empujar para ir a todas partes. La sensación de poder sentir el aire en la cara... no te la puedo ni explicar. Fue increíble.

Recuerdo cuando me bajaron por primera vez a las puertas del hospital y tener la sensación como si hubiera estado años encerrado. Recuerdo que el sol calentaba más, que iluminaba más. Que todo parecía más bonito. Ya era verano, hacía un calor que te mueres, pero yo estaba ahí, vestido de arriba abajo y con zapatillas y sintiéndome por fin más normal... O no, no más normal, sino más *yo*. Yo otra vez. Fue una de las sensaciones que mejor recuerdo y que más me marcaron de aquellos primeros días.

La recuperación supuso un proceso muuuy lento, pero iba avanzando; cada día pasaba un poquito más de tiempo en la silla, con la fisio y después en terapia ocupacional (que consiste en intentar reeducar a la gente para poder hacer las tareas y actividades diarias, muchas veces después de una lesión que ha afectado su movilidad, como en mi caso). Hacía progresos a ritmo de tortuga. Pero, oye, mejor ritmo de tortuga que ningún ritmo, la verdad. Además, la rehabilitación allí era bastante guay, porque no tenías la sensación de estar haciendo un montón de tareas pesadas y «obligadas»; nosotros mismos nos encargábamos de organizar nuestros horarios y podíamos decidir cuándo bajábamos al fisio, cuándo íbamos a terapia ocupacional y cuándo nos apuntábamos a alguna otra actividad que nos interesaba (y había muchas). Tengo muy presentes unas palabras de la supervisora, que nos decía que lo último que querían era que tuviéramos ambiente de hospital, que preferían que viéramos nuestro paso por allí como un campamento. Y la verdad es que funcionaba, porque al final daba la sensación de que estabas en otro tipo de sitio.

Un lugar en el que, a pesar de todo, sentía que tenía la libertad para mejorar a mi ritmo, como yo prefiriera. Un sitio que alimentaba mi necesidad de querer hacer cosas por mí mismo, de seguir más rápido. De hecho, hasta entonces me habían dado de comer los auxiliares y me vestían, me lavaban y me pasaban a la cama otras personas, pero, en cuanto empecé a moverme un poco más, sentí la necesidad enorme de reaprender a hacerlo todo otra vez yo. De recobrar mi independencia. Quería demostrar que podía, que iba a recuperarme, y gracias a Dios aquel sitio estaba lleno de gente que día a día me fue enseñando trucos y habilidades para ganar fuerza en los músculos y que tareas que antes había hecho sin pensar fueran posibles de nuevo.

Yo me apuntaba a todo lo que podía. ¿Que por las tardes había clases de ping-pong? Yo iba a mover los brazos. ¿Que hacían un taller de pintura? Pues a mover los pinceles, me daba igual. Además, a mi tío Vicente, el mayor, le gustaba mucho meterme caña para que no me durmiera en los laureles y mejorara más rápido (no en plan negativo, sino en plan motivación) y, si salían actividades nuevas, yo no podía perdérmelas por nada del mundo. De hecho, aquello no era algo que se limitara solo a las actividades; cualquier cosa que hiciera, él me animaba para que la intentara. A probar primero yo solo, y luego, si no podía, a pedir ayuda. Si quería patatas, tenía que intentar cogerlas yo. Si había un vaso, debía esforzarme para alcanzarlo, etc. De hecho, cuando venía él no me dejaba coger la silla eléctrica, me animaba a usar la manual y a mover yo las ruedas. Él y sus hijos fueron los que más me animaron y apoyaron para mejorar en ese sentido.

Aparte de la fisio y la rehabilitación, mi vida también se basó en conocer a gente. No me refiero solo a otros pacientes con los que fui compartiendo habitación a lo largo del tiempo, ojo, sino a todo el mundo con quien coincidí por allí: a los que estaban en la otra punta del pasillo, a los estudiantes en prácticas, a los fisios que venían a la cama a moverme e incluso a los padres de mis compañeros. Empecé a hacer amigos y a poder estar con ellos. Iba al comedor de la planta y por fin podía verles bien la cara después de solo haberlos visto mientras estaba tumbado; coincidíamos en los talleres, en el patio y en el gimnasio. Y entonces, antes de que pudiera darme cuenta, se convirtieron en mi segunda familia. Me acogieron, me ayudaron, me tranquilizaron y resolvieron todas mis dudas, por muy tontas que parecieran. Ellos mismos me hicieron ver que iba a ser guay estar allí y, gracias a ellos, desde muy pronto tuve la seguridad de que no había acabado en un mal sitio, sino todo lo contrario.

Aparte de eso, claro, iba a clase. Ya te lo contaré más adelante, pero durante aquel tiempo acabé primero de Bachillerato y me saqué segundo entero, así que, cuando pasó el verano, mi rutina se resumió en clases (desde el hospital), rehabilitación y amigos. Y entre ellos, aunque pueda sorprenderte, estaba la gente en prácticas. ¿Qué gente en prácticas, te preguntarás? Pues los estudiantes de todas las carreras posibles que venían al hospital a hacer prácticas de lo suyo, ya fuera enfermería, fisioterapia o vete tú a saber qué. Pasamos momentos inolvidables, los recuerdo con muchísimo cariño y aún mantengo contacto con muchísimos de ellos, ¡quién podría olvidarlos! (Irene, *I lof u*). Gracias a ellos disfruté muchísimo de esta etapa tan importante de mi vida, y los llevaré siempre conmigo.

Gente, si leéis esto: os quiero.

También vinieron a verme todos mis amigos, por supuesto. Yo no quise (ni dejé) que lo hicieran hasta que me dieron una silla con la que pudiera moverme solo y, cuando por fin la tuve a mediados de junio y me enseñaron a usar el móvil, establecí la «agenda de Alan para las visitas» para poder organizar a todo el mundo que quisiera venir. Y... vinieron todos. No es por hacerme el popular, pero muchísima gente bajó desde Madrid y hasta de fuera, y me sentí ultraapoyado por todos ellos desde el minuto uno (de hecho, ¡incluso por gente que no me esperaba que fuera a hacerlo!). Gracias a mis amigos y a mi familia la estancia se me hizo muy cómoda, sin pensar nunca en negativo, y creo que no estaría aquí igual si no fuera por ellos. A vosotros, si lo estáis leyendo, también os quiero muchísimo. Gracias por hacer el viaje hasta Toledo y por pasar conmigo tantas tardes, sois los mejores.

En el hospital vivimos muchas aventuras con la gente que estaba por allí: fiestas con los universitarios, excursiones por distintas plantas, pedir pizza en secreto (no se lo digas a nadie)... Fue una experiencia que me cambió la vida a más niveles de lo que parece. Como los findes no podía volver a casa porque no estaba adaptada, me quedaba en la planta con la gente que tampoco volvía y allí vivíamos de todo. Nunca olvidaré aquella etapa y tengo mil cosas más que contar al respecto, pero creo que voy a dejar todas esas anécdotas para otro libro, porque te lo aseguro: podría llenar páginas y páginas.

Cómo es la rehabilitación, más o menos

> **Después de romperte el cuello, ¿hiciste terapia ocupacional? ¿Sabes lo que es? Porque mucha gente no lo sabe y creo que es muy importante en estos casos.**

Como dice Olivia, mi fisio, la misión principal de la rehabilitación es conseguir mejorar la calidad de vida del paciente, da igual la lesión que se tenga o la gravedad de la misma. Además, la rehabilitación no tiene que ver solo con la parte física de recuperarse, sino que también incluye la parte mental; para salir bien de una lesión de las que te cambian la vida hay que trabajar tanto el cuerpo como la mente. Así que a continuación viene la parte en la que te cuento de forma un poco más seria y oficial qué hacen los profesionales de la salud para ayudarnos, en equipo, a las personas que lo necesitamos.

Médicos y diagnósticos aparte, lo primero que ves al llegar al hospital cuando has hecho un mortal hacia atrás que ha salido mal, como en mi caso, es a una enfermera, a una auxiliar y a un celador que se encargan de cuidarte de la manera más básica y urgente, es decir, ver si tienes heridas, curarlas y solucionar cualquier otro problema o incomodidad con los que hayas entrado en el hospital, lesión aparte. Sí, hasta si tienes pis, lo cual es un puntazo. Lo primero que hacen, pues, es acomodarte, cuidarte y comprobar que estás a gusto para todas las pruebas que necesites, que ya bastante incómodas son a veces.

Las enfermeras están ahí durante todo el proceso, desde el principio. Son las que intentan ser comprensivas con el miedo que da que tu vida haya cambiado tanto, las que te explican a ti y a tu familia qué es lo que toca hacer a continuación y las que te dan ánimos cuando no hay nadie más alrededor que te diga «venga, que tú puedes». De hecho, desempeñan una labor de cuidados y atenciones, tanto física como emocional, muy importante, aunque según vaya avanzando la recuperación también son las que, como dice María Jesús, mi enfermera favorita, acaban convirtiéndose en las «duras». No duras por malas, ojo, sino porque son las que más presionan para que nos esforcemos, para que hagamos las cosas por nosotros mismos y para que no nos aislemos al lidiar con el cambio que hemos experimentado. Lo cual a veces hace falta, la verdad, porque viene muy bien tener a alguien que tire de ti de esa forma. De hecho, en ocasiones es necesario saber que hay gente a un timbrazo de distancia que te dirá que lo vas a conseguir cuando tú no te lo creas, que te obligará a no dormirte en los laureles y que te empujará en los días malos. Además, te diré una cosa: a veces solo son las cosas más «bruscas» las que hacen que te espabiles a tiempo, lo cual no viene nada mal para el momento en que sales del hospital y vuelves a aterrizar en la vida real después de tantos meses. ¿Sabes la de obstáculos y dificultades que encuentran en el mundo exterior algunas personas con lesiones como la mía? ¿Sabes lo complicado que sería sobrellevarlas sin una persona que te hubiera animado a exprimir a tope tu recuperación y tu potencial? Ya hemos hablado de lo fácil que es derrumbarse cuando te pasan cosas así y de lo normal que es, y es por ello que hace falta gente que te cure las heridas físicas y emocionales para que puedas recuperarte.

Además de las enfermeras, a lo largo de todo el proceso también te relacionarás con los terapeutas ocupacionales. Creo que ya lo he explicado antes, pero la terapia ocupacional es una disciplina que se encarga de mejorar la independencia del paciente y su participación en la vida diaria. Empieza cuando estás en la UCI sin poder moverte de la cama, sigue cuando por fin te sientan en una silla y, por último, se centra en enseñarte todos esos trucos que recuperan tu autonomía en la vida real.

En la UCI, la terapia ocupacional se encarga sobre todo del tratamiento postural (si, como yo, no puedes mover más de la mitad de tu cuerpo, eso significa que tampoco sabes cómo lo tienes colocado, lo cual puede causar muchos problemas). Se trata, sobre todo, de evitar deformaciones o corregirlas si ya han aparecido, a veces hasta con férulas que te hacen a medida para ayudarte. Además, desde el principio es importante hacer ejercicios que potencien la musculatura del tronco para luego poder estar sentado y recuperar la movilidad, quien pueda y hasta donde pueda. También te adaptan la silla de ruedas de forma personalizada, cojines y otros accesorios incluidos, para que puedas conseguir la mayor independencia desde la silla. Por último, cuando ya has logrado todo eso, es cuando te mandan a la Unidad de Terapia Ocupacional (en vez de venir ellos a verte) y te entrenan para que aprendas a hacer las actividades de la vida diaria en tu nueva situación, desde pasar solo de la silla a otras superficies (por ejemplo, a una cama o a la ducha) hasta actos como vestirte solo, comer solo, el aseo personal, etc. También se encargan de prepararte todos los cachivaches que luego te permiten usar cacharros que antes utilizabas sin pensar, como el móvil, el ordenador o cualquier otra cosa. Ya te hablaré más adelante de los míos, ¡aún tengo los adaptadores para el teclado y el ratón que me hizo mi terapeuta Ana, una auténtica crac!

Los rehabilitadores físicos entran en acción, como todos los demás, también desde que estás en la UCI para movilizar las articulaciones y hacer ejercicios de respiración. Los he llamado rehabilitadores físicos, pero en realidad son los fisioterapeutas de toda la vida, los que, al fin y al cabo, tienen el trabajo de movilizarnos cuando no podemos hacerlo nosotros. Pero la verdad es que decir que se encargan solo de la parte física de la recuperación es un poco falso; los sentimientos están a flor de piel cuando te esfuerzas al máximo día tras día por recuperar tu cuerpo, y los fisios, que ven muchísimas emociones *in situ*, son los primeros que nos hablan, nos animan, nos dicen las cosas claras y tiran de nosotros no solo con las manos, sino con sus palabras. Un poco como las enfermeras, supongo, aunque esta vez en el gimnasio. Pero ten por seguro que sus palabras ayudan; los «jolín, macho, qué bien vas» de mi fisio han hecho más por mi autoestima que mil piropos que me pueda decir la gente por redes, sin ninguna duda.

Con una lesión medular como la mía, que es un C6, el pronóstico del fisio es: no hay movimiento, pero podemos conseguir la máxima funcionalidad con las dificultades físicas existentes. Aunque a causa de la lesión el cuerpo no reaccione, hay que movilizarlo igual, así que al principio, cuando estás en la cama, se encargan de hacer solo eso: moverte el cuerpo para evitar problemas de circulación y otros; ejercicios para que tu cuerpo no se estropee al estar siempre tumbado. Luego te empiezan a inclinar progresivamente (antes os he explicado que, después de mucho tiempo en posición horizontal, pasar a estar en vertical puede hacer que te marees y por eso hay que hacerlo despacio) y, cuando ya estás sentado, te empiezan a mover de otras maneras. Sobre todo es importantísimo reforzar la musculatura con la terapia ocupacional, como ya he comentado antes, y que te enseñen dónde tienes que colocar qué músculos en concreto para poder moverte y mantener el equilibrio.

Lo más importante de la fisioterapia, en resumen, es aprender cómo hacer esos movimientos en los que antes ni pensábamos (como girar en la cama o mantenerte sentado recto) sin tener que llamar a alguien para que te eche una mano cada vez. Vamos, que te ayudan con algo importantísimo de lo que voy a hablarte a continuación de forma un poco más personal: a recuperar tu independencia. Nunca podré estar lo suficientemente agradecido a todos los profesionales que, en equipo, me han ayudado a lo largo de este tiempo a que sea un poquito más yo, a que pueda hacer las cosas solo y a que pueda moverme más de lo que los primeros pronósticos apuntaban cuando me caí.

Mi vida ahora ¿ha cambiado mucho desde la lesión?

¿Cómo te duchas?

¿Cómo te lavas los dientes?

¿Cómo te vistes ???

¿Cómo lo haces para pasarte a la cama de la silla y tumbarte?

La dependencia

Para hablar de cómo es mi vida ahora (después de romperme el cuello, desde que estoy en la silla, desde que salí del hospital) hay que hacerlo en orden: de lo más básico en adelante. Es decir, de las cosas que han cambiado para mí en las que antes ni siquiera pensaba (porque simplemente *estaban ahí*, porque nadie piensa en ellas hasta que faltan y «nunca iba a poder hacerlas solo»... ¡ja!) al resto.

Para empezar, el hecho de no poder mover las manos, el tronco y las piernas hace que, como ya te debes imaginar, ser independiente se complique. Solo por probar, y, si no estás en una situación así, haz el ejercicio de imaginártelo; va, prueba a levantarte de la cama sin usar manos, tronco y piernas o prueba a echar un pis o a ponerte los calcetines. Difícil, ¿verdad? Cuando no puedes usar una gran parte de tu cuerpo, muchos movimientos en los que ni siquiera piensas se hacen difíciles, por decirlo suave. Y eso es lo que más choca, supongo, comprobar que si no tienes impedimentos ni siquiera piensas que estás usando ciertas habilidades con las manos o que te mantienes sentado porque inconscientemente haces equilibrio con el tronco.

Como ya he explicado antes, para eso está la rehabilitación y eso fue lo que trabajamos en las horas y horas que pasé con los terapeutas: poder ser lo más independiente posible, que al final es el objetivo último de la recuperación.

¿Sabes? Estar bien no es solo estar bien de analíticas, a nivel médico y demás, ¡también hay que estar bien mentalmente! Y a lo mejor te parece una tontería, pero tener independencia y hacer las cosas por ti mismo ayuda muchísimo a conseguirlo.

Yo tuve muy claro desde el minuto uno que quería recuperar esa independencia, que quería hacerme yo mis propias cosas. Era mi objetivo final, aunque, siendo tetrapléjico, era consciente de que ser independiente es muy complicado. Ojo, que no se me malinterprete, que ser dependiente no es malo (todos lo hemos sido de bebés y todos lo seremos de mayores). Además, ni siquiera tiene que ser tan *deep*, ¡una persona bajita puede depender de alguien alto para que le ayude a alcanzar alguna cosa de la estantería más alta de la casa! No es algo que esté ligado a la discapacidad. De hecho, la dependencia aparece en todas partes en cualquier momento, y no es mala. Sin embargo, eso no quiere decir que yo no quisiera recuperar mi INdependiencia porque, al ser más independiente, también podría ayudar a la gente que me ayudara a mí.

Dicho todo esto, hablemos de cómo ha cambiado la manera en que hago las cosas más básicas de la vida.

Mear. Meo por sondajes. Enseñaron a mi madre para que me los hiciera, pero desde el principio pensé que, si podía ocuparme de eso yo solo, lo haría. Tuve que pedirlo explícitamente, ya que no suelen enseñárselo a la gente con mi lesión (al fin y al cabo, es una lesión muy alta de tetraplejia), pero la doctora dio el visto bueno y estuvo viniendo un montón de días por las mañanas para ayudarme y supervisarme hasta que aprendí a hacerlo solo y rápido y me dio el visto bueno.

Ducharme. Algo gracioso que seguro que te va a hacer reír es que, a la hora de la ducha, he necesitado ayuda desde el principio. ¿Qué significa esto? Pues que, sin las adaptaciones como las que tengo ahora (que no me sirven para todo y que no uso siempre, especialmente si estoy muy cansado), necesito que alguien me asee. Siempre. Desde el minuto uno. Imagínate que eres un chaval de dieciocho años que se acaba de romper el cuello y te das cuenta de que, de un día para otro, todo el mundo va a empezar a verte en bolas. En el hospital me duchaba todo el mundo, incluidos los estudiantes en prácticas de mi edad…, y, mira, yo no sabía si reír o llorar. Que la gente que me duchaba estaba ahí por trabajo, por supuesto, pero igualmente se generaban momentos muy incómodos. Menos mal que siempre he sido poco vergonzoso y sé cómo sacar alguna que otra risa, porque, jolín, qué situación. ¡Si hasta tengo asumido que me ha visto desnudo medio Madrid! Creo que se me ha quitado todo el pudor que tenía, pero, vamos, que al principio cuesta mucho hacerse a la idea de que has perdido esa parte de tu vida, no solo la independencia, sino también la intimidad.

Vestirme. Esta es de las dificultades que mejor llevo actualmente, porque yo solo puedo ponerme todo tipo de ropa en la parte de arriba del cuerpo. La parte de abajo se me complica mucho más por lo de doblar el torso y las piernas, así que, aunque sí que soy capaz de quitarme prendas y ponerme pantalones de chándal que sean amplios, suelen ayudarme en el día a día, ya sea mi madre u otra persona.

Creo que estas son tres de las cosas más básicas que hacemos sin pensar en nuestro día a día, y que tuve que reaprender a gestionar ahora desde la silla. Pero hay otras de las que dependo y que surgieron con la tetraplejia, por ejemplo la cocina (necesito que me hagan la comida), las transferencias de la silla a la cama (dependiendo de la cama, puedo necesitar ayuda) y alguna más, pero lo cierto es que, al final, a día de hoy, y tras todo el esfuerzo y empeño que le he puesto por aprender y mejorar, soy más independiente que otras personas con mi lesión. Siempre he querido intentarlo todo yo solito (esto ya lo sabes, te lo he contado antes, con lo del hospital) antes que dejar que alguien me ayudara o me lo hiciera, que siempre era el último recurso. Creo que esta actitud ha dado sus frutos, y estoy muy contento de la cantidad de cosas que puedo hacer por mi cuenta.

También estoy muy orgulloso de la tranquilidad que siento al saber que no lo puedo hacer todo, porque ya ves que no puedo; necesito ayuda, es obvio. Y no pasa nada. Porque nadie es menos persona por necesitar ayuda ni más débil ni más cobarde, todo lo contrario, eres más valiente por afrontar que la necesitas, pedirla y dejar que te ayuden. Yo, por ir en silla de ruedas y necesitar ayuda no soy más «pobrecito», simplemente es que las cosas han ido así, y ya está. Si eres alguien que necesita ayuda de algún tipo, por favor, no tengas miedo a pedirla, que somos humanos y no tenemos por qué poder siempre con todo (y no me refiero solo a las tareas físicas, también puedes pedir que te echen una mano con las cosas que te exigen un gran esfuerzo mental). Pedir, dar, tener ayuda... ¡eso siempre está bien, hombre!

La familia y los amigos

¿Qué tal lo llevan tu familia y amigos?

Ya lo he dicho antes, pero lo cierto es que tanto a mis amigos como a mi familia les debo muchísimo de lo que ha sido mi paso por el hospital y todo lo que ha venido después, aunque uno de mis principales miedos era que estuvieran sufriendo por mi culpa. Me preocupaba muchísimo cómo les afectaría a ellos lo que me había pasado a mí y, de hecho, una de las cosas que al principio más me agobiaba era no saber cómo se lo estaban tomando o cómo iban a reaccionar.

Mi familia me sorprendió. Todos se unieron muchísimo gracias a lo que me pasó, y, cuando digo todos, me refiero a todos y cada uno de mis tíos, primos y, de verdad, toda mi familia. Aunque la relación entre nosotros siempre había sido buena, nunca había sido tan estrecha, y al verlos a todos tan unidos de pronto, recuerdo haber pensado que a veces las cosas malas pueden traer otras buenas. A mí no se me ocurre cosa mejor que la nueva relación que surgió entre mi familia y yo. Cada uno aprendió a apoyarme a su manera: mi tía me ayudaba con papeleo, mi tío con rehabilitación, mi otro tío con temas de ayudas y de asistir a mi abuela y a mi madre, venían a verme... Fue increíble.

Mis amigos igual. Se suele decir que cuando te pasan cosas importantes es cuando aparecen los amigos de verdad, y se dice también que puedes contarlos con los dedos de las manos, pero... no sé qué decirte, a lo mejor yo tengo más dedos que la gente normal, porque a mis amigos de verdad no puedo contarlos. De hecho, es lo que ya te he dicho, mucha gente a quien yo pensaba que no le importaba tanto estuvo ahí para mí y fueron capaces de pasarse un día entero viniendo a Toledo y todo. Estando en el hospital, descubrí amistades que no sabía que tenía, y me refiero a gente que ahora es imprescindible en mi vida. De hecho, pensaba que iba a tener dos o tres visitas al mes, pero al final tuve una agenda apretadísima, ¡tenía que dar cita a la gente que quería venir a verme!

Voy a contarte una anécdota graciosa de la primera vez que mis amigos vinieron a verme a Toledo. Estábamos todos muy nerviosos por reencontrarnos porque hacía mucho que no nos veíamos y había muchísima expectación, pero a mí no se me ocurrió otra cosa que gastarles una broma... un poco pesada, por no decir que fui un capullo. Básicamente, cuando llegaron, aparecí ante ellos en modo Stephen Hawking, un poco doblado y fingiendo que casi no podía hablar. Como tenía la traqueotomía daba el pego, así que me acerqué a ellos y les dije con voz muy ronca: «Hola, chicos». Nunca olvidaré la cara de Diego, casi se le salen los ojos. ¡Eso sí, les dije que era broma enseguida!

Por cierto, si te estás preguntando si alguien me trató diferente por lo que me había pasado, pues no, en absoluto. Nadie me trató raro ni como a un pobrecito, lo que ayudó mucho. Tampoco hubo nadie que se alejara de mí por eso, la verdad; supongo que cuando he perdido el trato con la gente ha sido por la falta de contacto y de vernos, pero nada más. Un poco como cuando te mudas, ¿no? No es lo mismo vivir cerca que lejos de alguien, así que al final hablas menos con la gente y ya. Nunca me alejé ni corté contacto con nadie por culpa de la silla de ruedas, lo cual está bien.

Creo que he tenido la suerte de haber sabido rodearme siempre de las mejores personas.

Los estudios y el trabajo

> *Brother*, voy a la clase de al lado tuya, mándame un saludo, porfa.

Aunque creo que ya lo he mencionado, cuando me rompí el cuello estaba terminando primero de Bachillerato. Me quedaba apenas un mes de clases y una de las primeras preguntas que hice al llegar al hospital de Toledo fue qué iba a pasar con el curso y qué podía hacer para acabarlo, sobre todo porque estaba aprobándolo casi todo y no quería repetir. Lo pregunté estando todavía en cama, antes de sentarme por primera vez en la silla, y no dejé de dar la tabarra hasta que conseguí que alguien me dijera qué hacer (de hecho, movilicé a mi familia para que se informaran de cómo podía seguir estudiando). Por sorprendente que pueda parecer, mi colegio quiso darme por anulado el curso con gran rapidez, pero, al final, gracias a otro chico que también estaba en el hospital (¡y encima de mi barrio, el mundo es un pañuelo!), nos enteramos de que allí mismo había un colegio para casos como los nuestros. Menos mal, tío. Es que, ¿te imaginas? Para mí era inconcebible que me quisieran suspender el año entero, pero, al final, tras un par de reuniones y teniendo en cuenta mis notas hasta el momento del accidente, logramos pactar que si aprobaba al menos una de las tres asignaturas que tenía suspendidas pasaba de curso.

Y ahí que fui yo, aún con la morfina y todo, a decirles que sí, que vale, que me lo iba a sacar.

La coordinación entre mi instituto y el hospital fue un poco caótica (no por el hospital, ojo, lo llevaron todo bien), pero al final lo conseguimos. Me quedaban Lengua, Matemáticas e Inglés, así que decidimos centrarnos en las dos primeras porque el inglés se me da regular. Durante dos semanas alterné ambas asignaturas desde allí y pude seguir con las clases y hacer los exámenes con mis compañeros. Ni siquiera me había podido sentar en una silla todavía, pero ahí estaba yo, bajando en una cama hasta una sala en la que hubo que quitar todas las mesas y las sillas para que yo cupiera, acabando el curso.

Y, oye, conseguí aprobarlo todo sin problemas. De verdad, hice los exámenes y los aprobé, así que mi preocupación por pasar primero de Bachillerato se esfumó... Y apareció la de qué hacer con segundo. Una por otra, supongo, pero es que el instituto no se acaba así como así.

Todo el mundo me decía que me centrase en la recuperación, pero yo confiaba en que también podría sacarme el otro curso... Y lo hice. Estudié segundo a distancia, bajando a mis clases en los ratos que tenía libres (en los huecos que me dejaban la fisioterapia, la terapia ocupacional, etc.) y cumpliendo con lo que me tocaba, centrando sobre todo la rehabilitación por las mañanas para dejar los estudios para las tardes. Mis amigos me pasaban apuntes para ayudarme en clase, me los mandaban por correo o se los daban a mi madre para que me los trajera (os amo); mis primos se apuntaron al rodeo que fue ayudarme con el inglés de ambos cursos, ya os he dicho que el de primero lo había dejado un poco de lado. Pero vaya, al final, con mucho esfuerzo y la ayuda de mi familia, mis amigos y los profes de allí, aprobé segundo.

Acabé el curso en el hospital, de hecho, ¡hasta hice la selectividad estando allí! Bueno, no desde allí físicamente, pero sí que la estudié enterita, aunque para los exámenes, sin embargo, me tocó ir de excursión a Madrid, pero valió la pena. ¡Por cierto! No sé si tienes curiosidad por saberlo, pero mis exámenes, siempre que no sean tipo test, son orales.

Y después del instituto viene... Pues depende de la persona, claro: a veces nada, a veces la uni y, a veces..., distintas alternativas. Yo sabía que quería hacer un Grado Superior de Informática y, nada más salir del hospital ese verano y después de disfrutar de unas merecidas vacaciones, me apunté a un curso de Administración de Sistemas Informáticos en el IES Tetuán de las Victorias para encaminarme por ahí. Escogí ese instituto porque es uno de los pocos centros adaptados en que se pueden hacer esos estudios, y en ello sigo. Creo que esta parte es bastante interesante de contar, y no solo por los estudios en sí, sino por otro tema que viene muy a cuento con el tema de la silla: el de la accesibilidad.

He dicho que este es uno de los pocos centros adaptados. Cuando digo pocos, significa realmente *pocos*; en Madrid, al menos, solo son tres. TRES. Y de ellos, por cierto, el más cercano estaba lejísimos de mi casa, lo cual es decepcionante pero no sorprendente porque, desgraciadamente, en general no hay muchos centros adaptados para sillas de ruedas (de verdad, cuando te pasas el día en una te das cuenta de ello). Así que, nada, si quería estudiar tenía que irme a donde Cristo perdió la chancla y, claro, para ello tendría que coger el metro. La Línea 1 de Madrid, concretamente, que, por si no eres de aquí o no coges el metro o no la conoces, es una de las más concurridas. Imagínate el panorama: hacer el viaje todos los días en hora punta, y encima teniendo en cuenta lo considerada que es la gente que va en metro... imposible. Por suerte, en el hospital conocí una fundación llamada Prójimo Próximo que se dedica a ayudar a personas con discapacidad, y ellos me consiguieron una ayuda para poder pagar un coche que me llevara a clase todos los días. Y luego llegó la pandemia y todo se fue a la porra, claro, pero ese es otro tema. El caso es que, al final, si no hubiera contado con esa ayuda, no habría podido haber hecho una cosa completamente normal y corriente que hace todo el mundo: estudiar lo que yo quería.

¿No es alucinante? Alucinante en plan negativo, me refiero. Quiero decir, ¿cómo es posible? ¿Solo tres centros en toda Madrid? ¿Es coña? Como si estudiar no fuera un esfuerzo ya de por sí, encima quieres hacerlo y... nadie te pone facilidades. Bueno, ni siquiera facilidades, es que no te dan ni la opción de *entrar* en el edificio, que ya es fuerte. Casi se te quita hasta la ilusión de estudiar. Menos mal que yo me moría de ganas y peleé, pero, vaya, que podía haberlo dejado y a ningún centro le habría importado tres pimientos...

Al menos, cuando por fin conseguí llegar allí, mis compañeros fueron majísimos. De hecho, me ayudaron en todo lo que me hacía falta sin ningún problema. Yo había solicitado una ayuda para poder tener a una persona que me echara una mano con cualquiera de mis necesidades, pero, aunque me la concedieron, esa persona no dio señales de vida en todo el curso. Al final, acabé el año sin que me hubiera contestado ni un correo ni una llamada. Supongo que por lo menos eso sirvió para que me diera cuenta de que esa figura no me hacía tanta falta (mis compis me sacaban el portátil de la mochila, que es lo único que no puedo hacer), y todo lo que podía haber hecho la persona misteriosa lo cubrió de mil amores el centro, donde siempre han estado muy pendientes de mí.

Aún no he acabado el curso, pero mi idea es seguir estudiando. Me he dado cuenta de que me apasionan muchísimas cosas, como la psicología, las relaciones públicas, el marketing y las redes sociales, entre muchas otras, y estar en silla o no poder mover los dedos no me va a impedir estudiar nada de eso, te lo aseguro. Tampoco me va a quitar la ilusión. Ahora estoy estudiando lo que he querido estudiar desde pequeño y, si he logrado llegar hasta aquí, sé que llegaré hasta donde sea. Además, bah, tampoco es tan difícil, ¡hay adaptaciones para todo! Yo, por ejemplo, tengo un punzón que me pongo en la mano para teclear y unas clavijas para usar el ratón y darle a los pulsadores. Si es que está todo inventado, de verdad; poder se puede, otra cosa es que te dejen hacerlo.

El deporte

> ¿Cómo lo haces para mantenerte en forma en silla de ruedas? ¿Hay algún deporte que puedas practicar o algo así?

Siempre he sido un chico muy MUY deportista, desde que tengo uso de razón. También era un niño gordito, no te lo voy a negar, pero una cosa no quita la otra. He practicado distintos deportes desde muy pequeño (fútbol, artes marciales, baloncesto, *skate*...) y, de hecho, lo que me trajo aquí fue hacer deporte. «Aquí» a la silla, me refiero. Por las acrobacias, ya te lo he contado. Eso sí, estar en la silla no iba a implicar que yo dejara de hacer deporte, aunque mucha gente, desde el desconocimiento, se piense que ya no puedo. «Como está tetrapléjico no puede hacer deporte»..., ¿no? PUES NO. Casi todos los deportes del mundo se pueden adaptar, que lo sepas. Y, si no me crees, busca en Google «Juegos Paralímpicos».

Yo llevo practicando deporte desde el momento en que me dijeron que era muy bueno para la rehabilitación. Te voy a hacer una lista de los deportes que más hago ahora:

Empecé con el **ping-pong**. Hoy sigue siendo uno de los que más practico, la verdad. Como no puedo cerrar los dedos, tengo un guante de bici adaptado con una goma ancha que me ayuda a aguantar la pala: me lo pongo, sujeto la pala dentro y, con la goma, me cierro los dedos y me envuelvo el puño, sujetándolo todo con un velcro. La verdad es que, aunque ahora lo practico mucho, si algún día tuviera más tiempo, me gustaría darle caña e intentar competir profesionalmente. ¡Eh, que a lo mejor estás leyendo el libro de un futuro medallista paralímpico!

También me gusta mucho la ***handbike***, que es una bici adaptada que se empuja con las manos. No es un deporte que haya podido practicar fuera del hospital porque las bicis esas cuestan una pasta, pero ayudan muchísimo a los brazos y estaba obsesionado con ellas durante los meses de Toledo. Lo de las manos funciona un poco como lo del ping-pong: me atan las manos a unos pedales y los voy moviendo con los brazos mientras cambio las marchas con el mentón. Y, para frenar, se va a contrapedal.

La verdad es que me hice el circuito del hospital de Toledo unas mil veces. Lo llamo «circuito» por decir algo, realmente, porque el trazado consistía en la pista de entrada al hospital, la zona de parking y la minicarretera que llegaba hasta el helipuerto (y volver), unos dos kilómetros y algo. Eso de estar fuera con la bici en pleno verano era una movida (con las temperaturas que está habiendo ahora a lo mejor parece hasta poco, pero 35 °C al sol son importantes), si bien la parte buena es que, al menos, yo no sudo. No sé qué glándulas son, pero me dejaron de funcionar como debían después de la lesión y, aunque no se me auto-termorregula el cuerpo (no veas qué calor), al menos no mojo la camiseta...

Otro deporte que me gusta mucho son los **dardos**. Sí, ya sabes, el típico juego con la diana que se ve en algunos bares... Pero, como yo no puedo cogerlos con las manos, lo hago con una cerbatana. También hago muchísimas **pesas**. Aunque no puedo hacerlas al mismo nivel que antes, volví a ellas para ejercitar hombros, bíceps y la movilidad general de mis brazos en fisioterapia, y va muy bien. La clave no es coger más y más kilos (que podía haber sido el objetivo antes), sino hacer ejercicios aeróbicos con los kilos que sea para quemar calorías que no puedo perder de otra forma y seguir entrenando los brazos, que para mí tener fuerza en ellos es superimportante.

El ocio, las fiestas, salir por ahí

¿Te puedes montar en las atracciones de la feria como en la rana o el canguro?

Aquí viene la típica pregunta que me hace mucha gente: que si ahora que voy en silla puedo salir de fiesta, que si sigo yendo con mis amigos de juerga... La gente que lo pregunta ¿qué respuesta espera? ¡Porque, obviamente, es sí! Estar en silla no me ha quitado las ganas de salir con mis amigos e ir por ahí por las noches; si eso, lo que me impide ir a tantos sitios como antes es que muchos establecimientos (en serio, *muchos*) no están adaptados y, al final, la culpa de que no salgamos más es que no podemos ir a todos los locales donde querríamos ir. De hecho, sabiendo dónde podemos entrar salimos a menudo, vamos, que yo soy el primero. Para que te hagas una idea, he ido de fiesta hasta cuando estaba en el hospital de Toledo, así que ¿por qué no iba a querer ni a poder seguir disfrutando de mi ocio y de mi día a día como cualquier otro adolescente? No porque vaya en silla de ruedas me van a quitar eso.

Creo que lo único que la silla ha empeorado de la experiencia de salir de fiesta es que me agobio un poco más. Siempre me había agobiado cuando había mucha gente y no tenía mucho espacio para mí mismo, así que, ahora en silla, imagina... No solo pasa más a menudo, sino que tengo menos posibilidades de escabullirme fácilmente. Sí que es verdad que ahora soy un poco como Moisés y que la gente se abre paso ante mí, pero eso no quita que los sitios con mucha gente se me hagan bola, pero no pasa nada. La clave ha sido cambiar un poco el tipo de ocio: ahora, en vez de ir a una discoteca, prefiero más las noches con amigos en un bar o en una casa, pero las ganas de fiesta siguen ahí.

Si tú también sales de fiesta, dos cosas: ten consideración con la gente con la que te cruces por ahí, vaya o no en silla, y no hagas como yo... si bebes, NO CONDUZCAS. (Esto es parte de una broma porque voy conduciendo la silla, ja, ja, pero también es en serio: si bebes, nunca conduzcas).

Aparte de lo que se considera ocio nocturno, disfruto con muchísimas otras cosas que, sí, también puedo seguir haciendo. Me encanta tomar algo con mis amigos a cualquier hora del día, pero, aparte de eso, me gusta mucho ir de excursión, dar vueltas con ellos o, sin más, estar sentados en un banco mirando a la nada pensando en todo. Mi plan perfecto es estar con mi gente; puedo tener la rayada que sea que si salgo con mis colegas se me quita de golpe toda la preocupación y me libero de todo todo. Soy una persona poco solitaria, la verdad... Si me sacas de estar distraído viendo series y pelis en casa (me habré visto medio Netflix, lo reconozco), estar solo me aburre y me pongo un poco pocho, así que prefiero pasar el tiempo con gente y mantenerme entretenido.

No sé qué más decirte, la verdad. Es que, en realidad, mi ocio no ha cambiado respecto de cómo era antes... Amigos, viajes, conciertos...

El sexo

¿Puedes tener relaciones íntimas? ¿Tu minialan funciona?

Vale, pues por fin hemos llegado: bienvenido a la que posiblemente sea una de las preguntas que más me han hecho en la vida. Sí, contando toda mi vida desde que nací, no desde lo del cuello. Y sí, teniendo en cuenta incluso la pregunta de cómo me llamo...

¿PERO TÚ PUEDES TENER SEXO?

Agárrate, que vienen curvas (y un poco de sermón, supongo).

En mi opinión, la gente tiene una percepción equivocada del sexo. Y ya está. Iba a decir que «tengo la sensación», pero *sé* que mucha gente, cuando piensa en el sexo, piensa únicamente en... bueno, en lo que se puede hacer con los genitales. En la penetración, aunque no sé si puedo usar aquí esa palabra, así que... en el mete-saca. Reconozco que yo antes de la lesión también le daba más importancia a eso de la que ahora sé que tiene, pero... querida persona que estás leyendo esto, lo voy a decir alto y claro: el sexo no es solo penetración. Y punto.

La verdad es que, una vez te paras a pensarlo, *por supuesto que no lo es*.

He aprendido muchas cosas de sexo desde que estoy en la silla. Y, bueno, por si crees que todo lo que digo viene por esto, no, no es cuestión de que no me funcionen los genitales. Dada mi lesión sí que lo hacen, aunque para mí las cosas hayan cambiado en términos de sensibilidad y tenga que buscar otros estímulos que me den sensaciones agradables. Pero mi caso no es el de todo el mundo (por si te interesa saberlo, algunas personas, tras una lesión así, pueden necesitar pastillas o incluso inyecciones para conseguir una erección). De todas formas, cuando digo que he aprendido mucho sobre sexo no me refiero a eso, sino a que me he dado cuenta de que, pene aparte, está *todo lo demás*. Un mundo de cosas en las que centrarme (y en las que, ahora, me centro). Como la otra persona, para empezar, y en que ella sienta placer. O en los besos, las caricias, las miradas y en otras formas de expresar cercanía e intimidad... que creo que, al fin y al cabo, es de lo que va el sexo.

Si te soy honesto (y lo voy a ser), prefiero el sexo que tengo ahora al que tenía antes, porque el anterior era mucho más egoísta y centrado en el placer propio por encima del de la pareja. Estoy bastante contento de haberme dado cuenta de esto, la verdad, aunque haya tenido que ser por los motivos que ha sido.

Por otra parte, supongo que viene al caso comentar que mucha gente tiene la percepción de que por ir en silla se liga menos, pero no es ni mi caso ni el de muchos de los chicos que conozco. Como todo en esta vida, lo que cuenta más no es ir o no ir en silla de ruedas, sino la actitud, cómo llevas tu lesión, cómo te comportas, etc. Así que, como digo siempre, yo ligo lo mismo yendo en silla de ruedas que antes, y fin. De verdad que eso no ha cambiado mucho, ni los ligoteos, ni las parejas ni nada... ¡De hecho, he tenido más parejas en silla de ruedas que antes!

La moda

¿Dónde te compras los pendientes?, porque te hacen un *flow* que flipas *bro* 👌 pls pon link :3

> ¿He podido verte en un anuncio de Wallapop?

Otro comentario que me toca un poco lo de ahí abajo: «Pues para ir en silla de ruedas, vistes muy bien». Te lo juro, creo que pocas cosas me han tocado más las pelotas en mi vida que esta frase. Creo que solo está a la altura de: «Pues para ir en silla de ruedas eres muy guapo», ahí, cerquita cerquita. ¿Y sabes por qué me molesta? ¡Pues porque siempre me ha gustado mucho el mundo de la moda, punto! Al final mi cuerpo es el que tengo y quiero llevar las cosas que me gusten de la manera que yo quiera, como se me ocurra y como me sienta más cómodo. ¿No debería ser ese el objetivo de todo el mundo? ¿No es ese el tuyo, elegir la ropa y los accesorios que te hacen sentir mejor?

El mundo de la moda me encanta. De verdad, me apasiona. Suelo quedarme embobado viendo cómo viste la gente. ¿Sabes la típica pregunta esa de «en qué te fijas antes cuando miras a una mujer»? Pues te aseguro que es en la forma de vestir. Me gusta muchísimo, además, la gente que no tiene un estilo de vestir «común», que lleva algún detalle, aunque sea pequeño, que se sale. Da igual que sea la manera como combina las cosas o el pelo o las uñas... Me flipa cuando alguien decide usar la moda para llamar la atención. Supongo que, en parte, eso es también lo que hago yo. Si me has visto en redes, seguro que has seguido mis mil cambios de color de pelo, por mencionar solo una cosa: la espiral azul y blanca, el arcoíris en un lado, rojo y negro, blanco... Y eso por no hablar de mis sudaderas (ADORO MIS SUDADERAS, TENGO UNAS OCHENTA), de mis zapatillas (son mi obsesión, me encantan y ¡encima nunca las gasto!), mis pendientes, mis uñas y demás. La moda es la forma perfecta de experimentar y expresarse, te lo juro. De hecho, me encantaría poder *darle algo* al mundo de la moda si se me permitiera. No sé, algo rollo ser modelo, crear una marca con ropa única que salga de mi cabeza... Creo que es una de las cosas que va a la lista de qué me gustaría estudiar en el futuro: Diseño. Si me lo curro, me encantaría poder lograr algo como eso.

Por otra parte, otro aspecto que me interesa muchísimo ahora, desde que estoy en la silla, es dar visibilidad a la discapacidad en el mundo del modelaje. Los modelos que vemos hoy en día en todo momento y en cualquier pasarela son... bueno, normativos. Delgados, guapos, altos y, definitivamente, sin silla de ruedas. Sí que es cierto que actualmente está habiendo algo más de inclusión con las tallas grandes, pero ni es suficiente ni veo por qué habría que detenerse ahí. ¿Por qué no hay más inclusión en lo referente a la discapacidad? ¿Por qué no puede desfilar o, es más, ganar uno de esos concursos de Miss Universo alguien que vaya en silla o que tenga síndrome de Down? Parece mentira, pero en 2022 aún queda muchísimo camino por recorrer... Y a mí me gustaría hacer algo al respecto, si puedo, o al menos ser parte del cambio.

¿No sería genial ver en un cartel enorme en una calle muy concurrida a alguien que se saliera de esos cánones de belleza? ¿No sería genial ser alguien que no encaja en esos cánones y ver que las marcas de moda te muestran a gente parecida a ti? Yo tengo pocos sueños, pero uno de ellos es aparecer en un cartel enorme en medio de algún sitio donde lo vea mucha gente, que me vean con la silla de ruedas. Puf, es que sería la bomba.

Soy nuevísimo en esto, claro, así que para que suceda eso aún falta. Quiero decir, aparte de todo lo que yo pueda experimentar con mi sentido personal de la moda en casa y con lo que da de sí mi presupuesto, he hecho poquito en lo que se refiere al modelaje... soy un huevito en esto. De momento, por si no lo sabes, he hecho de modelo para Wallapop, para alguna marca de cosméticos y para deportivas y zapatillas, y estoy contentísimo, la verdad, porque se me ha dado la oportunidad de hacer algo que he querido hacer desde siempre y lo cierto es que me gustaría seguir probando. ¡Sí, ya sé que me gusta probarlo todo, pero qué le voy a hacer! Parar desde luego que no... Así que, si algún agente o alguna marca está leyendo estas páginas, hago un llamamiento: por favor, llámame, soy Alan el Ruedas, tu modelo en silla de ruedas favorito.

Significado de mis tatuajes

¿Has pensado en tatuarte algo chulo en la cicatriz del cuello? ¡Un saludo!

Soy un amante de la tinta. Me tatué por primera vez en 2017 y, desde entonces, me he hecho unos cuantos tatuajes más... Concretamente, veintidós. Sí, así es, colega, tengo veintidós tatuajes, tantos como años. Son demasiados para explicártelos todos, así que voy a centrarme en los más especiales para mí y en los que más me representan.

El primer tatu que me hice fueron **las iniciales de mi madre, mi abuela y mías**. Verás, me he criado con ellas y son las personas más importantes de mi vida, las que más amo y por las que haría lo que fuera. Aunque no seamos las personas del mundo que más expresan y demuestran sus sentimientos, y aunque nos enfademos a veces, las dos me han cuidado desde que nací y quería llevarlas siempre conmigo, tenerlas cerca. Creo que nunca he podido agradecer a mi madre y a mi abuela todo lo que han dado por mí, la verdad. Cuando me hice este tatu, antes de que todo pasara, creía que era un buen paso para intentar expresarlo.

Después de ese me hice muchos más, pero ya en otra línea: algunos por estética (ya te he hablado de que me gusta la moda, ¿no?, pues es parte de eso), otros porque me definen o son importantes para mí. Como ya he dicho, voy a intentar explicar algunos que para mí son especialmente significativos (como el **yin** y el **yang**, que representa que en todo lo malo hay algo bueno y que hay que ser prudente con todo lo bueno porque puede tener algo malo) o que me representan más en lo referente a mi mentalidad de vida o sobre la lesión y la silla de ruedas.

Tengo un tatuaje en la tripa en que se lee ***Never give up***. Vale, antes he dicho una pequeña mentirijilla, porque esta frase me la tatué tres meses antes de romperme el cuello, no después. Resulta casi irónico, ¿no? Me tatué «nunca te rindas» antes de vivir algo tras lo que no me pude rendir de ninguna manera... Pero supongo que estaba cantado, porque eso de «nunca te rindas» me ha representado siempre, desde niño. En serio. Desde pequeño he intentado no rendirme ante nada en la vida, ni en los estudios ni en cuestiones de salud, en nada. Ese «nunca te rindas» ha estado presente desde que nací, pero, ahora, cuando echo la vista atrás, me parece irónico habérmelo tatuado antes, porque luego me tuve que aplicar la frasecita a fondo, ja, ja, ja.

También tengo un tatuaje con un **fénix**, que representa el renacer de una vida. Aunque siempre digo que la vida no me ha cambiado en lo que puedo hacer, sino en el modo de hacerlo, decir que no me ha cambiado en absoluto sería una tontería, porque *claro* que la vida me ha cambiado... Así que me lo tatué. El animal mitológico que renace de sus cenizas, una representación de que yo hice lo mismo y de que esta es una nueva vida. De que no estoy muerto, sino que renací. Es uno de mis favoritos, va junto con la fecha de mi caída (por si se me olvida algún día, sabes, esas cosas que pasan) y lo tengo en el antebrazo, ahí, a huevo para verlo siempre bien.

Un poco relacionado con este, en la muñeca me tatué un **corazón**. Su significado es fácil: amo la vida. Y soy feliz por vivirla. Si hay una razón por la que nunca dejaré de ser feliz tras haberme quedado en silla de ruedas es porque sigo vivo, no hay más. Amo vivir. Estar vivo ya es bueno. No sé cómo explicarlo: el objetivo de todo el mundo debería ser disfrutar de la vida, porque solamente hay una, ya sea en silla de ruedas o en cualquier otra circunstancia, y ver ese corazón ahí, en mi muñeca, tan a mano, me lo recuerda.

También llevo tatuadas las palabras **GOOD VIBES**, que significan «buenas vibras». No es algo que yo hubiera pensado tatuarme nunca, al menos no hasta que muchas personas empezaron a decirme que yo daba muy buenas vibras y, al final, me lo dijo tanta gente que se me quedó grabado. Y me gustó. Porque me di cuenta de que soy una persona con facilidad para tener esa actitud, para llevar conmigo esas buenas vibras y levantar el ambiente.

Para seguir con las palabras/frases en inglés, también me tatué el verbo **float** («flotar»). Este me lo hice junto con una chica de prácticas de Fisioterapia de Toledo. Los dos queríamos recordar nuestro paso por el hospital y tener algo en el cuerpo que plasmase lo que vivimos allí y el vínculo entre nosotros (Irene, si lees esto, te quiero mazo). Cada vez que lo veo me acuerdo de ella y de esa época en general, de lo que me marcó y de lo bonito e inspirador que fue todo.

Luego tengo algunos menos serios y más de cachondeo, como los **dos interruptores apagados** que me tatué en las piernas. Creo que no hace falta explicar por qué, pero como os gusta que os cuenten las cosas, pues lo explico: quería algo que representara la silla de ruedas sin que fuera una silla ni nada por el estilo, algo más cercano a mi humor, así que..., bueno, como a mí no me van las piernas..., pues ya está, dos interruptores apagados. Me mola mucho. Además, siempre le saca sonrisas a la gente y creo que por eso es de los tatuajes que más me gustan.

El último que me he hecho siempre será importante para mí: es **un punto y coma** que me tatuó en la muñeca mi amigo Charlie, que en paz descanse. Aunque para muchas personas que se lo tatúan normalmente habla de esperanza, para mí solo quiere decir que tenía un trozo de brazo libre y un amigo con una máquina de tatuar recién estrenada y muchas muchas ganas de usarla conmigo. Charlie era un chico muy especial a quien conocí a través de las redes sociales y que luchó hasta el final contra el cáncer, alguien muy importante para mí y que alegraba a muchísimas personas con su humor, entre ellas, yo. Dos días antes de que falleciera, fui a verle al hospital porque sabía que estaba pachucho y el cabrón, que no llevaba ni dos semanas con la máquina y tenía cero experiencia, me dijo que me tatuaba. No es que no tuviera opción, pero le dije automáticamente que sí. El tío apenas tenía fuerzas para levantarse, pero quería dejarme algo en el cuerpo que fuera para siempre, y se puso manos a la obra. Al principio, lo reconozco, iba a ser una luna. Pero entonces le entró hipo, así que nos empezamos a reír y Nerea, su novia, dijo que mejor que me tatuase solo un punto. Como ya tenía la raya empezada, dije: «¿Por qué no un punto y coma?». De modo que así salió. Sin embargo, como he dicho, no es un punto y coma de los normales, sino especial: la coma ni siquiera está derecha, sino al revés, porque Charlie estaba hasta arriba de morfina y, sin querer, la hizo para el lado contrario. Yo no me di cuenta hasta que estaba volviendo a casa, pero así me parece incluso mejor.

Por último, que tampoco quiero aburrirte, te hablaré de mi tatuaje más importante, del que tiene más significado para mí: el **sol**. Me lo hice en honor a mi tía (que está viva, tranquilos, chicos). No sé si te acuerdas de cuando antes te he hablado de los soles, si no, a lo mejor quieres echar un vistazo al principio del libro. Mi tía era alguien con quien antes de la lesión no tenía tanto vínculo, pero que se volcó muchísimo en mí desde el minuto uno. Como recordatorio, por si no has ido a releer la parte donde lo explico, durante mi estancia en la UCI no tenía ni relojes ni ventanas ni nada, así que mi tía me trajo un sol para que me diera energía y acabó convirtiéndose en un regalo recurrente; cada vez que conseguía algún logro, ella me traía un sol. Como cuando conseguí dejar de utilizar el respirador o cuando me quitaron la traqueotomía o cuando me senté en la silla por primera vez..., y así fue como me convertí en el niño de los soles. Como me ha ayudado tanto en general, quise tatuarme un sol tras la oreja.

Y eso es todo lo que de momento os contaré de mis tatuajes, creo. Los otros, o me preguntáis en persona (cotillas, que os gusta un buen salseo...) o los dejo para el próximo libro (a ver si diciéndolo mucho se hace realidad, ja, ja, ja). A lo mejor la próxima vez que me veáis ya no tengo veintidós, sino veintiséis o treinta o ¡cuarenta tatus! ¿Quién sabe? Podría tatuarme un libro... O lo que fuera, realmente. ¡No siento la mitad de mi cuerpo, esa ventaja hay que aprovecharla!

Las redes

Solo quería decirte que llevo un año recuperándome de un atropello que me dejó en silla de ruedas temporalmente (L2) y sin control de esfínter. Te admiro.

Mi esposo tiene ectrodactilia y me gustaría ayudarle a aceptar su cuerpo, ¿qué me recomiendas para animarlo? ☹

Me identifico muy bien contigo, ¡paso casi por la misma situación!

Hay muchos tipos de redes: las redes de pescar, las redecillas de pelo, las redes sociales, las redes de apoyo... Me permitirás que yo, hoy, te hable de las dos últimas (las primeras, si quieres, las dejamos para otro momento).

Mi experiencia en redes sociales es... supongo que curiosa y, a la vez, nada fuera de lo común. Nací en el año 2000 y con un móvil en la mano, como se suele decir, así que, la verdad sea dicha, he utilizado las redes sociales siempre. Sin embargo, como le pasó a tantísima gente, para mí todo cambió con la cuarentena, porque, al igual que todo el mundo, me moría de asco encerrado en casa. De modo que, también como hizo tanta y tanta gente, me dio por grabar un TikTok. Ya has visto que llevo muy bien el tema de la silla de ruedas, así que me grabé bailando en ella y diciendo algo como «para que luego digan que los tetrapléjicos no pueden bailar». ¿Quién iba a saber que llegaría a 400.000 visitas? Yo no, te lo aseguro, así que me quedé en plan guau, ¿qué ha pasado? No me esperaba tantas reproducciones, eso seguro, pero las tuve y también me siguió mucha gente y pensé «oye, seguimos en cuarentena y yo me aburro, a lo mejor puedo seguir haciendo esto...», y me subí a la ola de los *trends* de TikTok.

Tardé un poco en animarme a hacer vídeos en que la silla tuviera un papel destacado, pero al final lo hice: en septiembre de 2020 empecé a hablar más de ella con vídeos como los de «Ventajas de ir en silla de ruedas» (si no los has visto, no te preocupes, luego te los cuento), la pretensión de los cuales era hablar del tema en clave de humor. Funcionaron muy bien, a la gente le gustaron mucho más de lo que me esperaba y, de repente, todo hizo bum y en pocos meses conseguí llegar a los 400.000 seguidores. ¿Quién iba a pensar que, haciendo contenido que me gustara, acabaría llegando al millón?

Realmente me hace muy feliz comprobar que la gente responde tan bien cuando intento dar más y más visibilidad a la silla de ruedas, porque es algo que disfruto mucho y es un tema sobre el cual, en general, hay mucha desinformación. Lo que más me gusta es cuando veo que gente que no se había planteado muchas de las cosas que comento aprende con mis vídeos. También me encanta cuando otras personas con discapacidades similares a la mía se dan cuenta de que hay aspectos acerca de los cuales a lo mejor no se habían parado a pensar nunca (que pueden viajar, ir de fiesta, ver el lado bueno de las cosas...) o, simplemente, afrontan su situación desde otro punto de vista. Los comentarios tipo «yo también estoy así», «no tenía ni idea de esto», «gracias a ti lo llevo mejor», o «gracias a ti he visto que el mundo no se acaba» me llenan el corazón, te lo juro. Y me animan a seguir. Porque me encanta extender toda la positividad que pueda siempre que pueda y que me pregunten. Y me gusta darle consejos a quien me los pide, tanto si se trata de gente que no sabe cómo tratar a alguien cercano que se acaba de quedar en silla de ruedas como si es alguien que acaba de aterrizar en una y tiene miedo de lo que se le viene encima. Me gusta mostrar que no es para tanto y ayudar a que gente muy distinta afronte mejor una nueva situación.

No deja de ser sorprendente que un *hobby* que empezó por aburrimiento me haya permitido hacer una de las cosas que más me gusta en el mundo, que es ayudar a la gente. Supongo que también por eso hago este libro, porque contaros mi vida no me cuesta nada y si haciéndolo os puedo ayudar es magnífico.

Sin embargo, debo decir que da mucha pena que las redes también muestren ese lado tan feo que a veces te puedes encontrar en la vida, como el de las críticas, los insultos o la desinformación de mala fe. Creo que mucha gente tan solo necesita aprender un poquito de educación para ser capaz de morderse la lengua y ahorrarse ciertos comentarios, porque si usaran algo más la cabeza no escribirían ciertas cosas, pero bueno. ¿Te puedes creer que a mí me han llegado a decir que no estoy tetrapléjico porque muevo los brazos? ¿Me estás diciendo que yo no sé cuál es mi lesión?

Y luego están los comentarios tipo «si fueras realmente en silla de ruedas, no harías ese tipo de humor», «seguro que nos está vacilando para ser famoso», etc. Qué huevos, macho. Así que sí, sí que hay comentarios que duelen y molestan, pero me gusta demostrarle a la gente, con humor y respeto, que está equivocada. Al final no puedes estar viviendo según lo que hagan otros, porque no puedes caerle bien a todo el mundo (y te lo dice alguien que intenta caerle bien a todo el mundo)

y, frente a un comentario de *hate,* hay otros diez positivos.

Lo importante es centrarse en lo bueno que te ha dado algo, en este caso las oportunidades de hablar y hacer lo que me gusta, de conocer a gente maravillosa y de cambiar para mejor cada día. Lo cual me lleva, por cierto, al segundo tipo de redes del que te quería hablar.

Las redes de apoyo son fundamentales para cualquier ser humano. Están formadas por la gente que nos quiere, nos cuida y nos ayuda, ya sea en persona u *online*. La gente que está ahí para nosotros en momentos malos y que nos ayuda a levantarnos, literal y metafóricamente, cuando estamos en lo más bajo. Ya os he hablado de mi familia y amigos, que son mi principal red de apoyo en el día a día. Ahora lo voy a hacer de otra gente que también considero muy muy importante para mí y una parte fundamental de lo que es mi recuperación y mi día actualmente: **mis referentes**.

Es verdad que no me considero fan de nadie, pero sigo a mucha gente en redes que me inspira a ser mejor en muchos aspectos de mi vida. Durante la época del hospital, por ejemplo, me crucé con alguien que creo que dio un giro de ciento ochenta grados a lo que después supuso toda mi recuperación y mi mejoría, y sin quien no sé si estaría aquí e igual de bien hoy en día: Alejandro Navarro. Verás, cuando aún estaba en la silla manual y me tenían que empujar por los pasillos del hospital de Toledo, me llevaron a una charla motivadora que daba un deportista con la misma lesión que tengo yo. No sé qué pensaba antes de ir, pero recuerdo perfectamente lo flipado que me quedé al verle moverse: ver cómo cogía su portátil, se preparaba su café, hablaba de ir en bici, etcétera, me desbloqueó una parte del cerebro que ni siquiera sabía que tenía bloqueada, no sé de qué otra manera explicarlo. De hecho, durante su exposición, hubo un momento en que se dirigió hacia mí y dijo: «Veo a aquel chico y me recuerda a mí al principio, porque al principio yo estaba igual que él. Ahora, con mucha rehabilitación y esfuerzo he conseguido hacer muchas cosas que nunca habría imaginado que podría hacer».

Aquello me inspiró. Fue increíble. Si él había estado como yo entonces y ahora podía tener tanta autonomía, yo también quería recuperarla. Había conseguido volver a hacer cosas que nadie esperaba que pudiera hacer, y yo quise lograr lo mismo. De verdad, pocas cosas me han motivado tanto como aquella charla de Alejandro Navarro, y desde entonces me esforcé en seguir sus pasos (o, bueno, en este caso, más bien seguir sus ruedas). Creo que él es el culpable de que yo sea tan positivo, porque todos mis sueños de ser deportista, de estudiar mil cosas y de hacer otras mil tienen su origen en haberle visto: él ha competido profesionalmente en *handbike*, ha conseguido criar a sus hijos desde bebés, tiene una vida e hizo que me diera cuenta de que yo también podía tenerla. Por si no lo conoces, te invito a que investigues un poco más sobre él y veas lo luchador que es y la cantidad de cosas que ha logrado.

Otra persona que he conocido por redes sociales es Xisco García, un muchacho parapléjico que además es la persona a quien más cosas le he visto hacer en el mundo. Y no me refiero tan solo a gente que vaya en silla de ruedas, sino en general. Ha hecho de todo y la silla de ruedas no le ha detenido en ningún momento. Acaba de nacer su segundo hijo, es un deportista de élite, da charlas, es presentador... hace un montón de cosas y me parece fascinante que siempre lo haga con una sonrisa. Le admiro muchísimo.

También admiro con pasión a gente a quien tengo la suerte de llamar mis amigos. Personas que he conocido a través de TikTok, que tenemos cosas en común y a las que quiero con locura, como mi amigo Charlie, que hablaba con humor de su cáncer y luchó por superarlo hasta el final (descansa en paz, mi niño) o mi amiga Marta Casado, que también hace humor sobre el cáncer que padeció, a causa del cual tuvieron que amputarle una pierna. Ambos han sido grandes referentes para mí, fuerzas incre-íbles de superación y de lucha. He aprendido y sigo aprendiendo mucho de ellos, y nunca les dejaré de querer.

Fuera de las redes sociales, mis referentes son gente que he conocido en el hospital de Toledo, tanto personal de enfermería como pacientes y sus familiares, porque son personas que han luchado muchísimo durante esta etapa. Además de por el esfuerzo que han hecho y que hacen, siempre admiraré a las enfermeras por haber elegido esa profesión tan bonita, y a los padres por hacer todo lo que podían por cuidar de sus hijos y estar con ellos, dando lo mejor de sí mismos para que mejoren. Ojalá, si leen esto, sepan quiénes son y también que a día de hoy son parte de mi familia. Os admiro y os amo con locura.

Desde mi perspectiva...

Si pudieses retroceder en el tiempo, ¿lo harías? ¿O algo en tu vida nueva cambió para replantearte no retroceder?

En este apartado quiero abrir un poquito mi cerebro (como si fuera un libro, no en plan cirugía, no te asustes) para que entiendas un poco, si es que quedaban dudas, cómo veo yo todo esto. Hospital aparte. Volver a la normalidad aparte. Qué pienso de mi situación, ahora que es la que tengo y que no hay otra.

Aquí el resumen: amo la vida y quiero vivirla. Siempre voy a querer vivirla, pase lo que pase. Quiero que el día que me muera haya tenido la sensación de que la he vivido bien, que he hecho lo que me gustaba, que lo he hecho con los míos y sin la preocupación constante de las cosas del pasado. Ya lo has leído a lo largo de todo el libro, mi perspectiva de la vida es ver siempre el lado positivo y, si pasa algo que no me deje verlo, bueno, pues intentar buscarlo igual, porque siempre hay algo. Siempre hay algo a lo que agarrarse, algo que puede mejorarlo. No es fácil aprender a hacerlo y requiere fuerza y práctica, pero he comprobado que seguir ese camino supone un esfuerzo que vale la pena, porque si lo intentas lo disfrutas todo mucho más.

Aun así, no siempre es fácil, claro. Supongo que eso no lo duda nadie.

Una de mis formas de lidiar con todo esto es el humor negro. Por si no sabes exactamente de qué se trata, es un tipo de humor algo polémico que se ríe de cosas serias y que a veces lo hace la misma gente a quien le pasan esas cosas serias. Te diré algo: en este mundo hay de todo, incluso gente que hace bromas de sus problemas para llevarlos mejor. Yo creo que hacer humor de algo que parece difícil o malo puede servir para muchas cosas positivas (en mi caso, me ha ayudado a llevar mejor mi mundo en silla de ruedas), pero no es algo que le gustará a todo el mundo, está claro. Por eso, en mi opinión, las bromas de humor negro tienes que hacerlas con gente que sepas que las va a encajar bien, que se va a reír y que entiende por qué yo, que soy una persona en silla de ruedas, hago humor con eso. De hecho, incluso se les puede preguntar: «¿Te molesta si se hacen bromas?», aunque suene un poco raro, porque es la manera más rápida de saber si vas a hacer gracia o no.

Hay que tener cuidado con los chistes, porque puedes hacer mucha gracia o mucho daño, y yo no creo que nadie quiera lo segundo. Por eso, aunque a mí me gusta hacer humor negro con mi situación, tengo cuidado a la hora de hacer chistes del tipo «pues ahora me levanto y me voy» delante de según qué gente, no vaya a ser que se me queden mirando con cara de incomodidad y ni ellos ni yo disfrutemos con la broma. Yo soy el primero que se lo pasa pipa diciendo esas cosas, pero en ocasiones alguna gente me ha llegado a decir: «Me siento mal por reírme». ¿Por qué? ¡Si soy yo quien ha hecho el chiste! A mí me hace gracia, hace que lo malo no lo parezca tanto y, por lo general, funciona de maravilla para relajar el ambiente.

Eso sí, las bromas las hace el que las sufre a menos que te dé permiso para que tú también las hagas, no te pases.

De todas formas, cada persona es un mundo y, a lo mejor, este tipo de humor no es para ti. Te pase lo que te pase, si tienes problemas y la vida se te hace bola, creo que la clave para sobrevivir a cualquier situación es buscar las estrategias que a ti te funcionen. Aplícate bien las palabras «constancia» y «perseverancia», porque, aunque ciertas cosas cuesten, dándote caña, tardes el tiempo que tardes, lo conseguirás y al llegar al final te va a gustar el triple. Por eso la frase de «nunca te rindas» es un buen mantra. ¡Os lo presto! Además, aunque esto no os importe, si conseguís llegar a vuestras metas con mis consejos, me voy a sentir muy orgulloso de vosotros y me hará muy feliz.

El mundo está complicado

No es para exponer, pero ¿qué dificultades encuentras para acceder a una farmacia o moverte por ella?

Colega, voy a serte sincero: la vida fuera del hospital no está hecha para ir en silla.

Nada más salir, lo primero que ves es un millón de obstáculos arquitectónicos, así que cuando digo que «no está hecha» para ir en silla me refiero a que literalmente no se ha construido pensando en nosotros. No hay tantas rampas como parece ni espacios por los que quepamos ni cosas que queden a nuestra altura. Así que, si me preguntas, te diré que en la calle la vida en silla de ruedas está difícil. Pero no solo porque las ciudades no estén hechas para nuestra comodidad, sino también porque el resto de gente se olvida de nosotros.

Mira, aunque esto ahora a lo mejor puede incomodar a mucha gente, voy a decir, desde mi punto de vista, algunas cosas que creo que todo el mundo debería tener más en mente a la hora de tener un poquito de consideración hacia la gente con alguna discapacidad.

En cuanto a los edificios u otras estructuras arquitectónicas, lo más básico creo que es que una silla pueda pasar. Que sí, que sí, que el listón está en el suelo. Muchas veces los espacios son demasiado estrechos para que quepa una silla o la forma de la puerta no permite que pase (como en el caso de las puertas giratorias). Por no hablar de que solo se pueda acceder a un edificio por unas escaleras, claro. En el transporte público pasa lo mismo (o no hay rampas o para bajar a los andenes no hay ascensores o hay un escalón al entrar o, en general, ni hay espacio suficiente ni la gente se aparta para dejártelo). Pasear por la calle ni siquiera es fácil el cien por cien de las veces (los árboles quedan muy bonitos y no digo yo que no sean necesarios, pero, vaya, no hace falta ponerlos en medio de toda la calle, digo yo). Y no hablemos de los baños. ¿Cada vez hay más baños adaptados en más sitios? Sí. ¿Es absolutamente normal encontrar uno siempre? No, aunque debería, y que no haya es una gran putada.

Creo que la población en general debería tener un poco más de consideración con la gente con discapacidad. No PENA, eso es una mierda. Ni se te ocurra tratar a alguien con discapacidad con pena o de «pobrecito», porque no hay nada de lo que apenarse. Tener una discapacidad no significa tener una mala vida ni valer menos, así que no infravalores a la gente. Simplemente... tenla en mente. Como ya he dicho, sé considerado, que es lo mínimo. Facilítale la vida siempre que puedas, pero sin pensar que la persona no puede hacer cosas por sí misma o algo así. Molesta un poco cuando alguien pretende hacerlo todo por ti, primero porque no ayuda nada (impide que te esfuerces) y segundo porque te hace sentir como si no pudieras por ti mismo. Por mi parte, hasta que no lo haya intentado solo y te haya dicho que no puedo, no me ayudes a menos que tenga prisa.

Creo que también es importante, aparte de lo de la pena, cómo tratas a las personas con discapacidad en otros aspectos de la vida. A mí me toca un poco las pelotas que me digan continuamente eso de «qué fuerte eres», «estás luchando», etc. ¿Yo luchando? Solo estoy intentando vivir mi vida. La gente que dice eso me hace sentir que realmente estoy fatal y que debería sentirme peor, pero es que no estoy tan mal como otros piensan. Ni la mayoría de personas con discapacidad lo están, por no decir todas. Al fin y al cabo, ir en silla de ruedas te afecta porque el mundo no está adaptado para la silla, pero no por ir en ella en sí, ¿entiendes la diferencia? Si la gente simplemente pensara más en adaptaciones, la vida sería menos complicada. ¿Acaso no es lo que he estado diciendo a lo largo de todo el libro? La gente con discapacidades, al final, tira de maña y de apoyo de gente buena para salir adelante y superar todos esos obstáculos que podrían desaparecer si hubiera alguien que se preocupara.

Si quieres preocuparte un poco más por nosotros, te voy a dar tres claves, en las que seguro que no habías pensado, para hacernos la vida más fácil sin que tengas que esforzarte:

1. No uses los ascensores si no te hace falta (vamos, no seas vago). Si puedes ir por las escaleras y aun así decides coger el ascensor, no solo estás ocupándolo y haciendo que alguien que no pueda subir por las escaleras tenga que esperar, sino que aumentan las posibilidades de que, con el uso, el ascensor se estropee. Y es una putada, porque tú puedes seguir yendo por la escalera si se estropea,

pero hay gente que no tiene otra alternativa. ¡Que las cosas eléctricas se rompen con el uso! Así que nada, una forma muy sencilla de ayudar y ser considerado, por ejemplo, es coger las escaleras; además de que es más sano, estarás ayudando a otra gente.

2. Otra manera muy muy sencilla es no quedarse mirando. Bueno, solo si la persona te parece atractiva, supongo, pero lo demás no, que es de malísima educación... no lo hagas.

3. No uses los baños adaptados si puedes evitarlo. Sé que en muchos sitios coinci-

de que el baño adaptado es el de mujeres, pero, si hay tres, no lo uses aunque sea más grande y esté vacío... De nuevo, puedes esperarte, no ocuparlo y, sobre todo, no ensuciarlo innecesariamente. Si estás dentro y alguien con discapacidad necesita usarlo, le estás haciendo esperar, por una parte, pero encima lo manchas, gastas el jabón, el papel y eso es una putada. ¿Puedes hacer cola durante dos minutos? Pues así estarás ayudando que lo flipas.

Y eso es todo, así de primeras. Creo que, en general, este tema no es para tanto... A menos que la gente haga que sea para tanto, o dándole gravedad (con los comentarios de «pobrecito») o pasando de nosotros y haciéndolo todo más complicado. No hay que tenerle miedo ni rechazo a la discapacidad. La gente con discapacidades es gente, punto. Como tú y como yo (más como yo), con sueños, tareas diarias, trabajos, opiniones y mil cosas que hacer. No pienses en negativo de esas personas ni las menosprecies. Trátalas como tratarías a cualquier otra y ya, pero no te olvides de que a veces las cosas son un poco más complicadas para ellas que para ti, y todo irá bien. Sobre todo, no seas un capullo, que es muy importante. Creo que «no seas un capullo» es el mejor consejo que te puedo dar, no solo respecto a este tema, sino en general en la vida.

Ventajas de ir en silla de ruedas

Eres genial, Alan... Soy una seguidora, ¡te mando un abrazo fuerte y mil bendiciones! 👐🌙

En contraste con el punto anterior, quiero usar un poco de humor para decir que SÍ, IR EN SILLA DE RUEDAS TIENE SUS VENTAJAS. Para el que me siga de antes, esto no será nuevo en absoluto, pero si acabas de conocerme con este libro (¡un placer, tío!), entonces nunca me habrás oído decir esto y a lo mejor tu cerebro cortocircuita, pero es así: la silla tiene ventajas, aunque todo el mundo se esfuerce en ver siempre la parte mala. Supongo que todas esas personas que solo hablan de ir en silla como de algo dramático no verán dichas ventajas nunca, pero yo, que vivo sentado en una, las he visto. ¡Y aquí te las vengo a contar, igual que lo he hecho en TikTok mil veces! Ojalá no necesites aplicarlas nunca, pero, oye, no está de más tenerlas a mano:

- Nunca vas a estar pendiente de si tienes un asiento libre, pues ya llevas incorporado el tuyo.
- Puedes llevar cosas colgadas detrás de la silla sin que ni a ti ni a los demás os

pesen en la espalda... que tú ya te has roto la columna y no hace falta ni rompértela por segunda vez ni que se la rompa nadie más, hombre.

- Puedes solicitar la plaza de movilidad reducida para el coche y siempre vas a tener un aparcamiento, no tienes que pagar.

- Te vas a sentir como Moisés el de la Biblia, todo el mundo te abrirá paso... a menos que alguien quiera ser atropellado, claro.

- Cuando tus amigos se cansan, se te pueden sentar encima. Y, si es tu *crush*, mejor que mejor.

- En muchos sitios nunca vas a hacer colas... por ejemplo, en Primark (que, dicho sea de paso, es la tienda con más cola que he visto en mi vida). En muchos establecimientos, si buscáis a alguien que trabaje ahí y se lo comentáis, os salta la cola. También pasa en el parque de atracciones, que te meten por la cola rápida casi siempre... ¡un lujo!

- Si eres de ese tipo de persona o estás en esos rincones de internet, se pueden vender las zapatillas como nuevas: la suela nunca toca el suelo (a menos que seas un patoso conduciendo y choques contra las paredes), así que nadie tiene por qué saber que las has usado... je, je.

- Si no sientes las piernas, los tatuajes no te dolerán. Eso sí, ten cuidado con hacerte tatuajes grandes, infórmate bien porque la circulación es peor y se te pueden infectar (supongo que esto no es una ventaja 100 %, tiene su parte peligrosa).

- En todas partes tienes un baño propio donde siempre habrá papel higiénico (a menos que haya habido alguien especialmente desconsiderado que se haya metido ahí porque «había cola en el otro baño»..., no seas de esa gente).

- Nunca te vas a levantar con el pie izquierdo... ¿A que ahora entiendes por qué soy tan positivo?

- Me puedo dormir en cualquier parte sin caerme, ¡y cuando me dé la gana!
- Puedes ser *tiktoker* (mírame a mí).

Y... Bueno, estas son unas cuantas ventajas, ¡supongo que puedes buscar más en mi Tik-Tok! (Así es como se hace uno *tiktoker*, ¿ves? Diciéndole a la gente que vaya a cotillearte en TikTok en vez de contarle todos tus secretos de golpe).

Conclusión

¿Recomiendas
que la gente que
quiera aprender
a hacer mortales
lo haga?

No me puedo creer que vaya a decir esto, pero... hemos llegado al final del libro.

Espero que te haya gustado recorrer conmigo los últimos cuatro años de mi vida y todo lo que han supuesto para mí. Espero que hayas aprendido algo, que mis anécdotas te hayan hecho sonreír y que, al menos, mis reflexiones te hayan hecho pensar un poco.

También me gustaría dejar claro, para quien necesite este mensaje, que no hay que tenerle miedo a la discapacidad. Sobre todo, a que algo como esto te pueda pasar también a ti. Sé que he hablado de lo que me ocurrió desde una perspectiva muy positiva (y es porque lo veo así), pero también sé que aun así habrá gente que no se habrá quedado tranquila o a la que no habré conseguido cambiarle su visión sobre esto. Bueno, no importa. Cada uno piensa lo que piensa, supongo. Sin embargo, para los que hayan comprendido que todo esto no es una desgracia, solo quiero decir: no por hacer acrobacias te vas a quedar en silla de ruedas, así que hazlas si te apetece. Haz lo que quieras y puedas, de hecho. Tenerle miedo a la vida, a hacer cosas, no va a impedir que pase lo que tenga que pasar, que tu situación cambie, que llegue un día que ya no puedas hacerlo. No hacer algo no te evitará no tener otra cosa el día de mañana. No querría que nadie dejase de hacer lo que le gusta por miedo. Quedándote en casa no te libras de la posibilidad (en los últimos cuatro años he visto muchas maneras de quedarse como yo) y vivir en una burbuja no sirve de mucho. De hecho, yo animaría a todo el mundo a hacer cosas nuevas, a experimentar, a vivir la vida: ¡la clave no es no hacer algo, sino hacerlo de forma segura!

Por otra parte, me gustaría hacer un llamamiento a todas las personas con algún tipo de discapacidad: haceos escuchar. Sé que yo soy un altavoz para mis circunstancias, pero también soy plenamente consciente de que mi situación no tiene nada que ver con otras, ni siquiera con la de otras personas que tienen la misma lesión que yo, y que, por supuesto, no todo el mundo va en silla de ruedas, así que hablad de lo vuestro. Explicaos si os sentís cómodos, hablad de ello, usad las redes, el arte, lo que queráis. Dejad que vuestras voces se oigan y no os dejéis silenciar por aquellos que no os entienden.

Esto es lo que he pretendido hacer con este libro, en realidad. Llegar hasta rincones a los que TikTok no llega, contar mi historia en orden, pedir lo que creo que hace falta (comprensión, consideración, ayuda). Hablando de pedir, por cierto, otro llamamiento a la gente que tenga medios para hacer cosas grandes relacionadas con la gente con discapacidades: hacedlas. Poned el dinero donde hace falta, arrimad el hombro, preguntad qué más podéis hacer. Algunas personas no pueden arreglar tanto como querrían, pero otras sí: ¿por qué no nos echamos todos una mano?

Espero que mis palabras te hayan llegado a lo más hondo. Espero que hayas sonreído al menos una vez, querido lector. Espero que te hayan gustado las aventuras y desventuras de este chico de veintidós años que tiene tanto, tantísimo, que decir. Espero que después de acabar este libro te animes a decirme hola en redes, porque me encantará saludarte. Espero que salgas de aquí sabiendo un poquito más y juzgando un poquito menos.

¡Nos vemos!

Con muchísimo cariño,

Alan el Ruedas

Agradecimientos

Hasta donde yo sé, en esta parte del libro es en la que normalmente se habla y se escribe sobre unas cuantas personas y cosas muy bonitas, asi que allá voy.

Me gustaría agradecerle mucho a muchas personas que han estado en mi vida y que han hecho que yo sea tal como soy, que esté donde estoy y que hoy en día haya podido conseguir tantas cosas.

(Nota: si llegas aquí, no estás en estos agradecimientos y crees que deberías estar, lo siento de corazón. Dímelo, ¿eh?, que se me puede haber pasado y te debo algo a cambio. ¡Me he despistado, no es que no me importes!).

Pero, bueno, que voy a empezar. Y voy a comenzar diciendo:

Gracias, mamá, abuela, tíos, primos, familia. Os quiero. Os quiero muchísimo.

Gracias a mis amigos. A los que están conmigo desde la guardería, a los que están conmigo desde el colegio, a los que están conmigo desde el instituto, a los que están conmigo desde el Hospital Nacional de Parapléjicos. A los que están conmigo desde que jugaba en el parque, a los que están conmigo desde que jugaba a la Play, a los que están conmigo desde que voy a mi pueblo, a mis extremeños. También, que es importante, gracias a los amigos que ya no están pero estuvieron.

Gracias a todos los profesores que he tenido. Gracias al personal sanitario que me ha cuidado desde que nací, y desde lo otro. A los fisios, a los terapeutas ocupacionales, a las enfermeras. Gracias.

Gracias a todos aquellos que se han convertido en mi familia porque me han adoptado en las suyas.

Gracias a todos los que he conocido en el mundo de las redes sociales, a todas esas personas que me han apoyado desde el minuto uno y a cada uno de mis seguidores.

Gracias a Charlie, aunque ya no estés con nosotros nunca te irás de mi corazón ni se me olvidará todo lo que me enseñaste.

Gracias a la mejor agencia del mundo, Tkers, y a cada una de las personas que forman parte de su equipo; sin ellos esto no hubiera salido adelante. Gracias también a la editorial, por supuesto, por darme la oportunidad de escribir este libro.

Sobre todo, muchas gracias a Clara, la persona que ha sabido plasmar mis palabras en estas páginas y entenderme a la perfección.

Y, por último, pero no por ello menos importante, gracias a mí mismo, ¡claro que sí! Por ser como soy y por no haberme rendido nunca.

¡GRACIAS!

Este libro se terminó
de imprimir en el
mes de noviembre
de 2022.